文库编译
马克思主义农业理论研究丛书
许静波 主编

刘大勇 著

# 改革开放以来
# 黑龙江省农业政策的演变与创新

Evolution and Innovation of Agricultural Policies
in Heilongjiang Province since the Reform and Opening Up

中央编译出版社
Central Compilation & Translation Press

图书在版编目（CIP）数据

改革开放以来黑龙江省农业政策的演变与创新／刘大勇著. —北京：中央编译出版社，2024.1
ISBN 978-7-5117-4512-5

Ⅰ.①改… Ⅱ.①刘… Ⅲ.①农业政策-研究-黑龙江省 Ⅳ.①F320

中国国家版本馆 CIP 数据核字（2023）第 171852 号

## 改革开放以来黑龙江省农业政策的演变与创新

| | |
|---|---|
| 责任编辑 | 李媛媛 |
| 责任印制 | 李　颖 |
| 出版发行 | 中央编译出版社 |
| 地　　址 | 北京市海淀区北四环西路 69 号（100080） |
| 网　　址 | www.cctpcm.com |
| 电　　话 | （010）55627391（总编室）　（010）55627310（编辑室） |
| | （010）55627320（发行部）　（010）55627377（新技术部） |
| 经　　销 | 全国新华书店 |
| 印　　刷 | 北京汇林印务有限公司 |
| 开　　本 | 710 毫米×1000 毫米　1/16 |
| 字　　数 | 162 千字 |
| 印　　张 | 11.25 |
| 版　　次 | 2024 年 1 月第 1 版 |
| 印　　次 | 2024 年 1 月第 1 次印刷 |
| 定　　价 | 75.00 元 |

新浪微博　@中央编译出版社　　　　微　信　中央编译出版社（ID：cctphome）
淘宝店铺　中央编译出版社直销店（http://shop108367160.taobao.com）　（010）55627331

本社常年法律顾问　北京市吴栾赵阎律师事务所律师　闫军　梁勤
凡有印装质量问题，本社负责调换。电话：（010）55627320

# 总　序

在近代以前的很长时间里，无论是东方国家还是西方国家，农业都是孕育文明的母体。即使到了今天，社会分工和文明进步已经到了较高水平，农业仍发挥着最基础的支撑作用，其地位不可替代。马克思主义经典作家十分重视农业问题，形成了比较丰富的马克思主义农业发展理论。马克思指出，"农业劳动是其他一切劳动得以独立存在的自然基础和前提"①"因为一切劳动首先而且最初是以占有和生产食物为目的"②。恩格斯提出，"农业是整个古代世界的决定性的生产部门，现在它更是这样了"③。列宁强调农业是"国民经济的基础"④，在理论研究和实践策略维度深入探讨土地和农民问题。中国共产党历届领导人都高度重视解决"三农"问题，立足马克思主义农业发展理论的指导地位，在中国革命、建设和改革开放的实践中形成了独具中国特色的马克思主义农业现代化理论。农业强国是社会主义现代化强国的根基，习近平总书记指出，"对我们这样一个有着14亿人口的大国来说，农业基础地位任何时候都不能忽视和削弱"⑤，"没有

---

① 《马克思恩格斯全集》第33卷，北京：人民出版社2004年版，第27页。
② 《马克思恩格斯全集》第46卷，北京：人民出版社2003年版，第713页。
③ 《马克思恩格斯全集》第28卷，北京：人民出版社2018年版，第176页。
④ 《列宁全集》第14卷，北京：人民出版社2017年版，第177页。
⑤ 《论"三农"工作》，北京：中央文献出版社2022年版，第128页。

农业现代化，国家现代化是不完整、不全面、不牢固的"①。

纵观马克思主义经典作家的著述，农业、农村、农民始终是聚焦研讨的重要问题之一，也是批判资本主义生产方式、谋划革命事业与构想未来社会形态的重要议题，这些极具理论和实践价值的文本本身就是马克思主义理论的有机组成部分。青年马克思最初遭遇的"物质利益的难题"，就是关于农民是否盗窃林木和摩塞尔河沿岸农民的贫困状况，他从农民问题入手进而关注工人问题。1852年马克思曾将19世纪的法国农民描绘成"一袋马铃薯"来呈现农民的分散性特征。1853年马克思在《不列颠在印度的统治》中研究了印度古老的村社如何面对大英帝国的蒸汽机。1857至1858年，他又广泛地研究了农村公社的各种土地所有制形式。在《资本论》写作过程中，农村公社、土地所有制和亚细亚生产方式仍然占据着较大篇幅和比重，甚至有关中国农业的论述多达数十次。1844年恩格斯在《英国工人阶级状况》中开始使用"农业无产阶级"一词；1875年的《德国农民战争》以及晚年写作的《法德农民问题》，展现出马克思主义关于农业、农村和农民问题的基本原则和立场。马克思和恩格斯晚年又不约而同地关注日耳曼的古代村社、俄国的农村公社，进而得出"东欧和俄国可以遵循完全不同的演进路径"的结论。

实际上，全球性的农业现代化进程自20世纪下半叶才真正开启。总体而言，各国都经历了传统农业社会向现代工业社会的转变，农民的绝对数量和人口比例大幅减少。西方国家率先走上农业现代化之路，并取得巨大物质文明成果，由此奠基西方国家尤其是欧美发达国家对农业现代化及其发展模式的掌控权与话语权。西方发达国家的发展路径也不尽相同，有的依靠高度的机械化，有的开发生物和化学技术，有的利用高效集约模式，从而推动现代农业的高速发展。因此，法国学者孟德拉斯提出"农民的终结"，但其实质是"小农"的终结，而非农民的终结、农业的终结或乡村

---

① 《论"三农"工作》，北京：中央文献出版社2022年版，第202页。

生活的终结。在现代农业发展的研究领域中，西方发达国家和第三世界国家已经提供了被决策者和执行者高度关注的经验总结和成功的案例，提出了一系列推进农业整体发展有成效和可持续的对策。但伴随政治经济全球化进程的加剧，以西方道路为蓝本的农业现代化发展模式无法适应发展中国家的基本国情与发展实际，其模式无法解释发展中国家农业现代化道路的具体性与复杂性。中国作为最大的发展中国家，开辟不同于西方的农业现代化发展新模式，打破资本主义农业现代化道路一统天下的局面，打破西方现代化话语裹挟、建构中国特色的农业现代化发展模式，成为中国农业现代化过程中必须面临的问题。

对于中国的农业现代化道路而言，既不能套用西方的农业理论，更不能简单照搬国外现代化农业强国的发展模式，务必秉持马克思主义基本原理，立足我国国情，立足人与自然和谐共生的时代要求，走具有中国特色的社会主义农业现代化道路。21世纪以来，城镇化和现代化的持续推进，我国已经初步化解了土地所有制问题、农村收入问题、农村劳动力转移问题、农民转化为市民等诸多问题，为建设宜居宜业和美乡村赋能助力，为乡村振兴战略全方位落实提供了坚实支撑。进入新时代，党的二十大报告明确提出要加快建设农业强国，为农业现代化发展指明了方向和目标。我们既要遵循农业现代化的一般规律，又要遵照具体的国情农情，在中国式现代化进程中探索开辟具有中国特色的农业强国之路。

我国具有悠久的农耕文明，一个由血缘、亲缘、地缘、宗族、信仰、乡约、传统和伦理维系的东方社会，并非工业化和非农化所能轻易转化的。表面看来稳定的传统农业社会，其内部并非没有变化与革新，劳动工具的改进、耕作方法的改善、作物品种的改良等都是我国农业辉煌发展史中的重要篇章。如果说18世纪以来西方社会的农业进步都是农业社会外部因素引发的结果，那么当前的中国恰恰有条件、有能力通过人与自然和谐共生的发展理念为世界提供一种解决农业、农村和农民问题的发展密码，为构建人类命运共同体提供"中国方案"，贡献"中国智慧"。

强国必先强农，农强方能国强。从我国社会历史进程来看，农业、农村、农民问题是贯穿我国现代化建设和实现中华民族伟大复兴进程中的基本问题。全面建设社会主义现代化国家，实现中华民族伟大复兴，最艰巨最繁重的任务依然在农村，最广泛最深厚的基础依然在农村。为此，东北农业大学马克思主义学院推出"马克思主义农业理论研究丛书"，本丛书致力于马克思主义农业现代化理论推进和参与中国农业现代化的伟大进程，试图拓展马克思主义现代化理论发展的空间，深化中国特色农业现代化发展规律的认识，以期为新时代迈向社会主义现代化农业强国提供理论支撑和实践指导。马克思主义农业理论研究既要深入把握经典作家的权威阐释，时刻关注党的最新理论成果；又要厘清中国现代农业发展的历史脉络，总结蕴含其中的得失成败；还要广泛开展乡村社会调查，用实证的方法切入现实，在理论、历史和现实的交汇处持续地探索。对于我们来说，积极的行动刻不容缓，但在现阶段形成具有中国特色的马克思主义农业现代化理论、创造人类现代化文明的新范畴与新模式还是比较艰难地探索，然而实践从未停止前进的步伐，面对如火如荼的中国式农业现代化实践，进一步总结其普适性和特殊性规律，做出不囿陈见的解释，启迪"知农、爱农、兴农"的专门人才，助力培育广大农民持续学习和变革的积极性，探讨理论发展态势与实践运行方向，持续推进农业现代化进程，为当代中国的农业强国建设略尽绵薄之力，这应是富有意义的探索。

许静波

2023 年 12 月 11 日

于东北农业大学成栋楼

# 目 录

导 论 ································································· 001

**第一章 改革开放以来我国农业政策变迁** ······················· 011
 一、1978年—1991年：农业改革启动阶段 ····················· 012
 二、1992年—2002年：市场化改革探索阶段 ·················· 019
 三、2003年—2011年：城乡一体化统筹发展阶段 ············· 027
 四、2012年至今：农业现代化建设阶段 ······················· 035

**第二章 改革开放以来黑龙江省农业政策演变动因分析** ······ 045
 一、国家农业政策的导向驱动 ···································· 045
 二、黑龙江农业大省的区域省情 ································· 050
 三、改革开放以来黑龙江省农业发展的历程 ·················· 071

**第三章 改革开放以来黑龙江省农业政策的演变** ··············· 095
 一、黑龙江省的科技政策 ········································· 095
 二、黑龙江省的财政政策 ········································· 111
 三、黑龙江省的人才政策 ········································· 120

四、黑龙江省的土地政策 ………………………………… 123

五、总结 …………………………………………………… 126

## 第四章 改革开放以来黑龙江省农业政策实施分析 ………… 128

一、粮食安全压舱石,粮食综合生产能力跨越发展 ……… 128

二、农业生产条件逐步完善,农业现代化水平显著提升 … 134

三、农业科技支撑能力显著增强 ………………………… 139

四、外向型农业发展 ……………………………………… 146

## 第五章 基于乡村振兴视域下黑龙江省农业政策发展建议 … 153

一、"十四五"时期黑龙江省农业现代化形势分析 ……… 153

二、黑龙江省农业政策建议 ……………………………… 158

三、黑龙江省农业工作展望 ……………………………… 164

**主要参考文献** ……………………………………………… 168

# 导 论

## 一、端好中国饭碗，任重道远

中国作为历史悠久的农业大国，农耕文明植根发展于农耕业发展的漫长历史中，在两千多年封建社会中，历代统治者都将农业作为国家之本、治国之基。到了近代，中国仍然是一个农业国，农业人口占总人口的七成，农业发展呈现出不均衡状态，也有近代农业技术传入，但在广大农村地区依然是小农经济。1949年新中国成立以后，人民当家做主，为巩固新生的人民政权，国家实行重工业优先发展的战略，推行"以农补工"的政策。1978年改革开放，农业政策出现变化，掀开农村改革的新篇章，自此后中国农业政策已经走过了40多年历程，中国的农村经历了大发展大变革，在2020年实现了脱贫攻坚战的伟大胜利，中国之所以能够取得今天如此瞩目的成就，为人类脱贫事业、为世界发展，作出重要的贡献，原因之一就是中国农业的健康发展。农业作为第一产业，对于国家经济健康发展起着基础支撑作用。

2023年中央一号文件指出："坚持和加强党对'三农'工作的全面领导，坚持农业农村优先发展，坚持城乡融合发展，强化科技创新和制度创新，坚决守牢确保粮食安全、防止规模性返贫等底线，扎实推进乡村发展、乡村建设、乡村治理等重点工作，加快建设农业强国，建设宜居宜业和美乡村，为全面建设社会主义现代化国家开好局起好步打下坚实基础。"①

黑龙江省作为农业大省，在贯彻落实国家农业政策的同时，依据当地农业发展实际制定符合本省的农业政策。在当前推进农业农村现代化进程中，黑龙江省作为粮食大省，承担着中国饭碗的重任，为国家农业发展起着重要的推进作用，因此研究黑龙江农业政策成为了当前建设农业强省的重要一环。

为了更好地了解当前农业政策的制定与推行，需要鉴古知今，对中国农业政策的历程及其演变规律进行总结，更有利于透彻理解我国农业政策的走向，有利于揭示农业政策创新的重点和方向，有利于加深对中国地方农业的认知与实践，从而更好地推进乡村振兴战略，加快农业农村现代化建设。农业政策的发展不是无根之萍，它依托社会环境的变化，从旧的思想战略中发展而来。因此本书重点研究黑龙江省农业政策的演变，深入分析改革开放以来黑龙江省农业政策变迁的内在规律和趋势，总结黑龙江农业政策实施取得的成效与经验模式，发现发展中的问题，为黑龙江省"十四五"时期农业政策制定提供可资借鉴的对策，希冀为黑龙江农业发展助力，切实推进农业农村现代化进程。

## 二、经久不衰的农业政策研究

### （一）国外学术界对农业政策问题的相关研究与实践

一是关于农业政策的研究。

法国学者约瑟夫·克拉兹曼（J. Klatzmann）在《法国农业政策——错

---

① 《中共中央国务院关于做好二〇二三年全面推进乡村振兴重点工作的意见》，《人民日报》，2023年2月14日，第一版。

误的思想观点和幻想》一书中基于法国的情况对农业政策进行剖析，指出农业政策的制定不能够在事实和经济体制没有弄清楚的情况下作出，农业部门需要十分重视信息工作，制定全局性的、可靠的农业政策。美国学者詹姆斯·诺瓦克（James L. Novak）、詹姆斯·皮斯（James W. Pease）与拉里·桑德斯（Larry D. Sanders）所著的《美国农业政策历史变迁与经济分析》从经济学的基本原理出发，对于从殖民时期到现代的美国农业政策历史变迁进行了深入分析，说明了美国农业政策的制定过程，其实施与产生的影响。

澳大利亚大卫·潘内尔（David J. Pannell）与罗杰·克拉森（Roger Claassen）通过数据分析，详细了解农民采用行为对于农业政策实施的影响。菲律宾学者让·巴列（Jean Balié）与美国学者巴德里·纳拉亚南（Badri Narayanan）使用最新的GTAP9.1数据库对于撒哈拉以南非洲的农业政策进行分析，结论指出撒哈拉以南非洲各国政府最好把农业政策改革重点放在更好地开发其市场上，而不是削减对其农民的援助，否则可能会取得适得其反的效果。

美国斯蒂芬·韦格伦（Stephen K. Wegren）通过对俄罗斯农业政策的研究，总结历史规律。对苏联共产党和现任总统普京所推行的农业政策进行研究，阐释了从斯大林到戈尔巴乔夫的苏联时期苏共在农村角色的变化，着重揭示了普京农业政策的方向以及同叶利钦时期相比的新变化。

二是农业政策实施的影响研究。

波兰学者格罗齐基·托马斯（Grodzicki Tomasz）、扬凯维奇·马特乌什（Jankiewicz Mateusz）以波罗的海国家爱沙尼亚、拉脱维亚和立陶宛在2000—2020年间的数据，验证欧洲共同农业政策对于农村就业与农业经济增长的促进作用。美国学者格劳伯·约瑟（Glauber Joseph）与史密斯·文斯（Smith Vince）对于美国自2000年来的农业政策趋势进行研究，并总结其对于未来二十年美国农业政策的影响，直指受到2018年到2020年贸易战与疫情的影响，补贴支出远超预期，而接下来美国的农业补贴举措可能很快就会发生更多变化。

尼日利亚学者 Nwozor Agaptus 与 Olanrewaju John Shola 对西非国家经济共同体于 2005 年制定的 ECOWAP 农业政策在尼日利亚的实施进行评估，指出该国既没有走上实现粮食安全的轨道，也没有成为全球粮食市场的主要参与者。

英国学者安娜·姆迪等与赞比亚学者迈克尔·查苏克瓦（Michael Chasukwa）等合作对马拉维、坦桑尼亚和赞比亚的农业政策和民生进行了政治经济学分析，研究表明农业部门或者说农业政策并没有使农业生产变得更为可持续。巴西学者弗拉维亚娜（Flaviana）等在文献梳理的基础上，分析了对于巴西家庭农业政策的实施产生的影响。加拿大学者阿莱特·圣维尔（Arlette SaintVille）等人以圣卢西亚为研究对象，分析 1950 年之前与 1950 年到 2010 年这两个时期农业食品政策的影响。

### （二）如火如荼的国内农业政策研究

中国作为农业大国，学界对于农业的相关研究一直是热点，关于农业政策的研究，自 20 世纪开始就有学者对国外农业政策思想进行编译。1927 年著名的农业经济学家唐启宇于《农政学》中对于农业政策的范围进行阐释，并专门论述了英美等国的农业政策。1932 年刘光华著《农业政策》一书从政策立场研究中国农业相关问题，对于农业土地政策、劳动政策、金融政策与合作政策等展开论述。但受到时局、环境的影响，诸多对于农业政策的研究多停留在表面，许多建议无法实行，对于当时中国农业的影响微乎其微。新中国成立后农业政策研究不断取得丰硕成果，以关键词"农业政策""农业支持政策""农业补贴政策"在中国学术期刊（CNKI）上进行搜索，将会议类、通知类、讲话类、书评类等与本研究无关的文献筛除后，截止到 2021 年 12 月份共检索有效研究文献 2038 篇。在对有效文献进行量化分析后可以更为清晰地展示国内农业政策研究热点、趋势与重要学者，以更好地把握国内农业政策研究脉络与前景。

国内关于农业政策相关的论文如图1所示，从1975年何宇同发表《商鞅的重农思想和农业政策》一文开始到2015年发文量整体呈上升趋势。自2002年开始年发文量基本维持在约每年50篇，到2015年达到峰值。总体而言，关于农业政策研究文献发文量可以进行如下划分，从1975年至2001年，发文量较少，发表文献456篇，占比22.37%，进展较缓慢，这一时期的研究重点在于对国外农业相关政策的研究介绍，加入WTO对于我国农业政策的影响与应对等。第二个阶段为2002年至2015年，处于整体上升阶段，发表文献1141篇，占比55.99%，本阶段的研究侧重于农业经济增长、粮食生产、农业产业化、农业政策实施实证研究、农业补贴政策、农业支持政策等。第三个阶段为2016年至今，处于缓慢降低阶段，共有文献441篇，占比21.64%，这一时期研究重点在农业政策变迁、农业现代化、乡村振兴等。

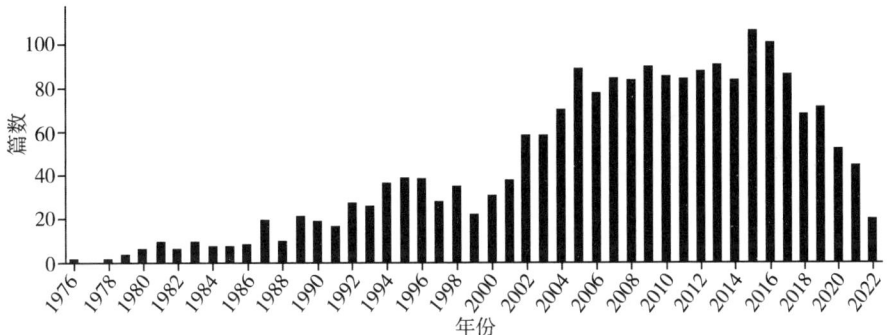

图1　国内农业政策研究年发文量

通过对研究内容的分析主要可以分为以下几类：

一是介绍他国的农业政策，总结其对中国政策的启示。

欧美等国家农业产业发达，农业政策的制定与施行经历了较长时间检验，对于当前中国的农业政策制定具有一定的借鉴意义。因此学界关于欧美农业政策的研究十分丰富，不同时期的农业政策、农业政策演变过程、实施效果等都有较为丰富的成果。徐更生《美国农业政策》一书中综合介绍自美国独立以来主要农业政策制定的社会经济背景，美国政府主要的农业政策及计划，总结对我国农业政策发展有用的经验和教训。詹琳在《美国农业政策的历史演变及启示》一文中梳理了美国自1776年建国以来至2015年的5个发展阶段，借鉴美国农业政策演变的经验，完善中国农业政策体系。张鹏、梅杰的《欧盟共同农业政策：绿色生态转型、改革趋向与发展启示》对欧盟农业政策的改革历程及发展趋向进行介绍，为中国农业政策改革，推进绿色农业发展提供经验启示。崔海霞等学者以OECD政策评估系统投入限制政策标签为基础，对美国、欧盟农业政策及政策调整过程中的潜在环境影响进行了比较分析，为我国农业政策的转型与创新提供借鉴。① 刘武兵对在2021年年底出台的CAP2023—2027进行了系统梳理，构建了新CAP的全景图，并且对各项措施与2014—2020年的措施进行对比，分析改革的原因及其可能产生的影响；在此基础上，分析新CAP改革给中国农业政策带来的启示。②

日本与韩国作为中国的邻国，地理环境、气候条件与中国相近，二战后农业恢复、发展较为迅速，其农业政策对于中国具有重要的参考价值。温娟《日本近现代农业政策研究》一书对江户时代以来日本农业政策的变迁，各个时期农业政策的背景、理念、内容、推广过程与实施效果等进行详尽介绍，并对日本农业政策中的主要问题展开分析。廖媛红等在《小农户生产与农业现代化发展：日本现代农业政策的演变与启示》中分析日本解决小农户生产与农业现代化发展的具体政策措施及其实施效果，并总结了对我国实现小农生产与农业现代化衔接问题的启示。

此外还有其他国家的农业政策介绍。杜中军、徐丹璐《东南亚国家农

---

① 崔海霞、向华、宗义湘：《潜在环境影响视角的美国、欧盟农业支持政策演进分析——基于OECD农业政策评估系统》，载《农业经济问题》2019年第12期，第129—142页。

② 刘武兵：《欧盟共同农业政策2023—2027：改革与启示》，载《世界农业》2022年第9期，第5—16页。

业发展与政策比较研究》一书对东南亚十国近年的农业发展概况、农业规划政策进行总结，形成对东南亚十国的农业发展与政策比较研究。① 刘毅群主编的《澜湄五国农业投资环境与政策比较研究》一书中对老挝、缅甸、泰国、越南、柬埔寨五国的农业投资环境与政策进行介绍与对比研究。胡颖、李道军对哈萨克斯坦的农业政策支持水平、结构特征与改革取向展开研究。

二是把中国与其他国家农业政策进行对比分析，通过与世界上不同国家农业政策的对比，相互借鉴，取其精华推进我国农业发展。

唐红、杜世纯、冯建英在《中美农业支持政策体系的比较与分析》一书中通过对中美农业支持政策体系和构建过程的比较，探索可供中国农业现代化和国家工业化借鉴吸收的发展经验。张河函、郭晴对地理位置相近、农业发展相似性较高的中日韩三国的农业政策进行了对比分析，通过对日韩先进农业政策进行借鉴，并结合中国农业政策现状提出相应的政策建议。② 刘超等学者以中国、印度尼西亚、菲律宾和越南四个亚洲发展中国家为样本，运用生产者支持估计方法分析其经济发展进程中农业政策支持水平与结构演化等特征，回溯其农业支持政策的演变与历程，为亚洲及世界其他发展中国家提供不同于发达国家的经验启示。③

三是对宏观层面农业政策的分析。

新中国成立以来，我国在短时间内由农业国向工业国转变，在这一战略目标下，政府采取了一系列推进重工业发展的政策，甚至一度通过价格

---

① 杜中军、徐丹璐：《东南亚国家农业发展与政策比较研究》，北京：科学出版社2021年版。

② 张河函、郭晴：《中国、日本、韩国农业政策对比研究》，载《世界农业》2014年第1期，第55—59页。

③ 刘超、邢怀浩、朱满德：《亚洲发展中国家农业政策支持体系：总体水平、结构演进及其经验启示——中国、印度尼西亚、菲律宾、越南四国比较》，载《世界农业》2021年第10期，第4—13页。

"剪刀差"以农补工,但是长期以来这种模式并没有一直推动中国经济高速增长,反而导致中国二元经济结构问题的出现。正如温铁军等学者指出"三农"问题的两个基本矛盾,即"在人地关系高度紧张的矛盾约束下加快工业化必然造成城乡对立二元结构的基本体制矛盾①,而承认中国二元结构问题是研究农业发展的前提,改革开放首先从农业、农村和农民问题入手,农业政策逐步调整,以充分调动农民的积极性进而提高农业产量。随着经济不断发展,我国开始进入工业化中期阶段,而农业保护程度的提高正是由于我国进入了工业化进程的新阶段②。农业政策不断转向反哺性农业政策,增长的机制仍未建立起来。1993年颁布施行的《中华人民共和国农业法》中规定:"国家逐步提高农业投入的总体水平。国家财政每年对农业总投入的增长幅度应当高于国家财政经常性收入的增长幅度"。1998年党的十五届三中全会通过的《中共中央关于农业和农村工作若干重大问题的决定》中提出"多予、少取、放活"方针,一直是新世纪以来农业政策制定的重要方针。"多予、少取、放活"的实施显著促进了农业的增长,且其综合影响是长期的。进一步的实证结果表明,以农村税费改革为主要内容的"多予、少取"制度改革对农业增长的影响在2005—2008年最为显著,2008年之后进入了缓慢释放阶段;相比之下,以土地流转改革和粮食流通领域市场化改革为主要代表的土地产权制度和农产品价格制度"放活"改革的效应越来越强劲。③

四是对国内农业政策演变的研究。

肖晓虹等学者对中华人民共和国成立70年来国家层面发布的2259项

---

① 温铁军、董筱丹、石嫣:《中国农业发展方向的转变和政策导向:基于国际比较研究的视角》,载《中国农业信息》2011年第2期,第5—8、10页。

② 邢孝兵、徐洁香:《工业化发展阶段与我国农业国内支持政策调整》,载《经济学家》2004年第5期,第33—37页。

③ 白仲林、董珍:《农村经济制度变迁与农业增长——以"多予、少取、放活"为主线》,载《河南社会科学》2019年第2期,第40—46页。

农业政策进行量化分析，指出我国农业政策在内涵上实现了根本性改变：由"取"到"予"。① 杨芷晴、孔东民对我国当前实行的农业补贴政策的变迁历程进行总结，并深入分析其经济效应，为构建在农业高质量绿色发展新型目标导向下的农业补贴政策体系提出政策建议。② 程国强对新中国工业化以来农业补贴政策的三个阶段进行论述，认为"新世纪以来全面取消农业税，探索实施农产品价格支持措施和直接补贴政策等，意味着我国已初步建立农业补贴制度的基本框架"③。全世文从国家利益和国家战略出发构建了一个三层分析框架，用来阐释发展中国家农业发展和政策演进的一般规律，认为中国农业政策演进历程的特殊性在于，粮食安全贡献的重要性并未随着工业化的推进而下降，在工农关系进入转折期以后甚至还存在上升趋势。表明当前中国农业转型面临的潜在风险是资本快速向农业生产环节渗透导致小农户的分化加剧。④

陈建华的《改革开放40年农业政策演变及启示》系统梳理了改革开放以来我国农业政策调整的六个阶段，即改革开放初期，以解决粮食总量不足为目标，坚持"以粮为纲，全面发展"的方针阶段；20世纪80年代初期至90年代初期，以丰富人们的"菜篮子"为目标，调整农业生产结构阶段；20世纪90年代初期至1998年，以适应市场需求为目标，发展"高产优质高效"农业阶段；2003年至2016年，以提高粮食综合生产能力为目标，发挥农业多功能作用阶段；2017年以来，以满足人民日益增长的

---

① 肖小虹、王婷婷、王超：《中华人民共和国成立70年来农业政策的演变轨迹——基于1949—2019年中国农业政策的量化分析》，载《世界农业》2019年第8期，第33—48页。

② 杨芷晴、孔东民：《我国农业补贴政策变迁、效应评估与制度优化》，载《改革》2020年第10期，第114—127页。

③ 朱满德、程国强：《农业补贴的制度变迁与政策匹配》，载《重庆社会科学》2011年第9期，第12—17页。

④ 全世文：《论农业政策的演进逻辑——兼论中国农业转型的关键问题与潜在风险》，载《中国农村经济》2022年第2期，第15—35页。

美好生活需要为目标,进行农业供给侧结构性改革及实施乡村振兴战略阶段。总结了 40 年来我国农业政策调整的经验。①

综上所述,国内外学界对于农业政策相关研究十分重视,尤其是农业政策影响方面的研究成果丰富,国外学者通过对某一国家抑或是地区的农业政策实施效果开展研究,或不同地区国家间展开对比研究,得出可资借鉴的结论。国内对于国外农业政策介绍的研究众多,介绍经验为我国农业政策制定提供启示,或是将国外农业政策与我国农业政策进行对比,进一步完善我国农业政策。其次国内针对某一地区的农业政策实施研究也是十分丰富的,对于政策的文本分析也不断增多,助力学者更好地了解政策不同阶段重心,捋清历史脉络。但是对于黑龙江农业政策从宏观维度进行系统研究的成果较少,本书着眼改革开放以来黑龙江农业政策的演变,从国家层面农业政策的变迁意向到地方层面黑龙江的特殊省情,深入探析黑龙江农业政策的演变动因,研究黑龙江地方农业政策的实施效果,总结现实经验,为当前制定农业政策提供借鉴,展望未来黑龙江农业发展。

---

① 陈建华:《改革开放 40 年农业政策演变及启示》,载《中国合作经济》2019 年第 1 期,第 51—54 页。

# 第一章 改革开放以来我国农业政策变迁

自改革开放以来,中国农业政策的变迁实现了将农业与市场紧密结合的重要蜕变,迈向了实现农业农村现代化的重要阶段。在这一过程中,随着农业政策的变迁与调整,我国实现了解放农村生产力,提高粮食产量,优化农产品结构,保护农民的基本利益等一系列成果,为实现现代化奠定了重要基础。大体而言,中国农业政策的变迁可以分为以下四个阶段。(见表1-1)

表1-1 改革开放以来中国农业政策变迁的历史进程

| 时间 | 阶段名称 | 阶段目标 | 具体措施 |
| --- | --- | --- | --- |
| 1978—1991 | 农业改革启动阶段 | 提高粮食及农产品产量 | 解放农村生产力,开始农产品流通体制改革 |
| 1992—2002 | 市场化改革探索阶段 | 提升农民的基本收入 | 促进农产品产业化经营,推进农产品流通体制改革 |
| 2003—2011 | 城乡一体化统筹发展阶段 | 缩小城乡二元化差距 | 减轻农民负担,取消粮食税,以工业带动农业发展 |
| 2012—至今 | 农业现代化建设阶段 | 推进农业现代化 | 实施农业供给侧结构性改革,推进乡村振兴战略 |

## 一、1978年—1991年：农业改革启动阶段

1978年，党的十一届三中全会顺利召开，并做出了将工作重心转移到社会主义现代化建设上来的决定，在农业领域提出了加快恢复农业生产，逐步实现农业现代化，保证国民经济的发展，调动农民在社会主义生产的积极性，以实现提高人民生活水平的目标。联合国发布的世界经济调查中显示，在发展中国家中，农业生产吸纳了70%—95%的劳动力，农业产值占据了GDP的20%—60%，可见农业发展对于发展中国家的重要性。中国作为世界上最大的发展中国家，在农业改革的启动阶段，我国已经深刻认识到提高农民生产积极性对于保证国家粮食生产的重要性，以及粮食生产对于国家农业发展和经济发展的重要性。因此，如何调动和解放农村生产力，实现国家粮食产量的突破，成为中国农业政策调整聚焦的重点问题，也是中国农业寻求突破亟待解决的问题，更是国家在新的发展时期寻求经济发展的重要突破口。在这一时期，我国坚持"以粮为纲，全面发展"的方针推进农业政策实施与改革，以调动农村生产力为中心，以转向市场为导向，打通农产品与副产品的市场流通，以技术和政策调整的双重动力，着力解决粮食产量不足的问题。

### （一）解放农村生产力

1978年在安徽省凤阳县小岗村率先推行的家庭联产承包责任制，开启了中国农业发展的新阶段，同时也打开了粮食流通体制改革的新纪元。家庭联产承包责任制的推行，不仅代表着中国共产党坚持解放思想、实事求是的思想，更代表着国家对于恢复国民经济，实现农业发展，解放农村生产力的决心，代表着最广大人民共同的迫切愿望。家庭联产承包责任制的推行，极大地解放了农村生产力，为农村经济的发展开辟了新的路径，提供了更多的可能性。

## 第一章 改革开放以来我国农业政策变迁

1978年，党的十一届三中全会顺利召开，为了实现国民经济发展，改善人民生活水平，全会对农业发展提出了一系列政策措施和经济措施，其中提到，人民公社的自主权与所有权受到国家法律保护，公社的各级经济组织必须认真执行按劳分配的原则，克服平均主义，同时支持社员自留地、家庭副业和集市贸易，并加强对公社各级组织的民主监督。这些措施都保障了农民及公社在生产中的合法权益、生活中的合理需求，增强了农业生产的灵活性，激发了农业生产的活力。1979年，党的十一届四中全会通过了《中共中央关于加快农业发展若干问题的决定》，正式提出了当前发展农业生产力的二十五项政策和措施，针对当时我国面临的农业生产力落后的状况，在两三年内加快实行一系列措施，加快农业发展，减轻农民负担，增加农民收入，释放农村生产活力。1980年，中共中央印发了《关于完善农业生产责任制的通知》，充分肯定了自十一届三中全会以来，各地干部和社员群众从实际出发探索出的多种形式的生产责任制，摸索出的许多优秀经验，既有利于调动社员的生产积极性，也有利于丰富多种经营模式，促进商品经济的发展。1981年，全国农村经济工作会议顺利召开，并于1982年发布了改革开放以来的第一个涉农一号文件，即《全国农村工作会议纪要》。其中肯定了近几年农村工作取得的进展，生产责任制在90%以上的乡村顺利建设起来，并且激发了农民的生产积极性，释放了农村生产力，促进了农村经济的发展。《农村工作会议纪要》中还针对巩固生产责任制提出了一系列措施，明确了生产责任制是以土地集体所有制和生产资料公有制为基础，并对下一步推进生产责任制做出了一些要求。1983年1月2日，中共中央印发了《当前农村经济政策的若干问题》，阐述了当前农村经济政策的一些具体问题，其中明确了当前稳定和完善农业生产责任制仍然是农村工作的主要任务，并对人民公社的体制从两方面进行改革，分别是实行生产责任制特别是联产承包，以及实行政社分设。1984年1月1日，中共中央发布了《关于1984年农村工作的通知》，明确了要继续稳定和完善联产承包责任制，并在家庭经营的基础上扩大生产规模,提高经济效益,并通过延长土地承包期,鼓励农民参与投资,充分调动了农民的生产积极性,激发了农村经济发展的活力。1990年12月1日,中共中央国务院发布了《关于1991年农业和农村工作的通知》,明确了当前我国农业改革仍然要坚持稳定完善以家庭联产承包为主的责任制,建立健全农业社会化服务体系。同年12月25日到30日,党的十三届七中全会召开,全会审议并通过了《中共中央关于制定国民经济和社会发展十年规划和"八五"计划的建议》,其中对当前进行全面振兴农村经济提出了一些具体措施建议,加强对农业的投入,通过科技兴农育农,通过推进粮食流通体制改革来带动粮食主产区的生产积极性。

人是生产中最活跃的因素,因此,衡量劳动力活力的最重要的标志就是有多少人投入到农业生产当中。国家统计局资料显示,自1978年开始逐步注重解放和调动农村生产力起我国农林牧渔业从业人口逐年稳步提升,由1978年的28455.6万人,上升到1991年的34186.3万人[①]。说明自1978年起,从事农林牧渔业生产的人越来越多,农村生产最活跃的劳动力因素充分被调动,释放出农村生产的活力。(见表1-2)

表1-2 1987—1991年农林牧渔业从业人口

| 年份 | 农林牧渔业从业人口(万人) | 同比增长(%) |
| --- | --- | --- |
| 1978年 | 28455.6 | - |
| 1979年 | 29071.6 | 2 |
| 1980年 | 29808.4 | 3 |
| 1981年 | 30677.6 | 3 |
| 1982年 | 31152.7 | 2 |
| 1983年 | 31645.1 | 2 |
| 1984年 | 31685 | 0 |

① 国家统计局:1978-1991年农林牧渔业从业人口,https://data.stats.gov.cn/easyquery.htm?cn=C01&zb=A0I0901&sj=2020

(续表)

| 年份 | 农林牧渔业从业人口(万人) | 同比增长(%) |
|---|---|---|
| 1985 年 | 30351.3 | -4 |
| 1986 年 | 30467.9 | 0 |
| 1987 年 | 30870 | 1 |
| 1988 年 | 31455.7 | 2 |
| 1989 年 | 32440.5 | 3 |
| 1990 年 | 33336.4 | 3 |
| 1991 年 | 34186.3 | 3 |

资料来源：根据国家统计局 1978—1991 年数据整理。

农业耕地作为农业生产过程中不可或缺的生产资料，其使用率同样也是衡量农业生产力的重要因素之一。国家统计局资料显示，自 1978 年开始，我国农村居民家庭人均耕地面积也从 1978 年的 0.16 亩/人上升到 1991 年的 2.18 亩/人[①]，并在 1982—1983 年实现了从人均 0.23 亩到人均 1.93 亩的大幅跃升。（见图 1-1）

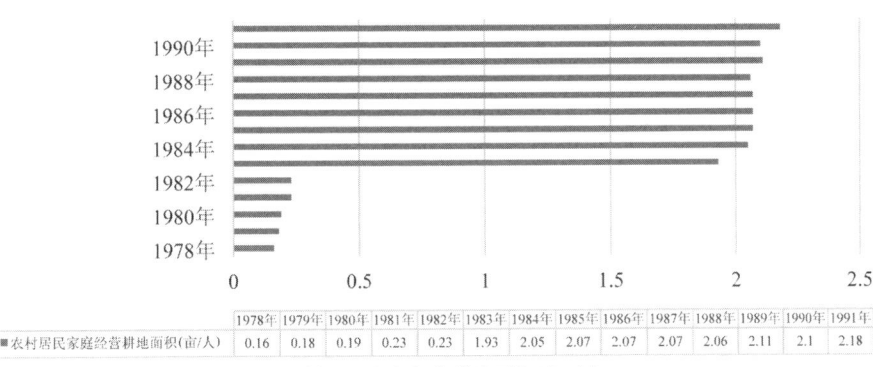

图 1-1　1978—1991 年农村居民家庭经营耕地面积

资料来源：根据国家统计局 1978—1991 年数据整理。

---

① 国家统计局：1978—1991 年农村居民家庭经营耕地面积，https://data.stats.gov.cn/easyquery.htm？cn＝C01&zb＝A0D0F&sj＝2020

### （二）开始农产品流通体制改革

农产品流通对于保证农产品流通价格、降低农产品流通成本以及农业发展有着重要影响。改革开放以来，我国的农业生产力有了明显提高，但是农村依然存在农产品买卖困难、流通不畅的情况，限制了农村经济的进一步发展。在高度集中的计划经济体制下，很难推进农产品的商品化流通，为了激发农业生产发展的活力，就要采取切实有效的措施疏通和拓宽流通渠道，保证农产品的自由流通，以此来促进农村商品经济发展。因此，打破农产品供销的僵化局面，促进农产品流通，需要通过推进商品经济来实现。同时，农产品流通体制改革作为由计划经济向市场经济转化的过渡阶段必须要实行的改革，是建设社会主义市场经济体制的必然要求。

1981年年底召开全国农村工作会议并发布了《全国农村工作会议纪要》，在纪要中除了提及生产责任制的建立，还提到了改善农村商品流通的问题。明确了当前农村经济以计划经济为主，市场调节为辅，针对农副产品的收购，要做到国家、集体和个人利益的协调，不能只顾一头。同时，要充分认识到供销合作社在联通城乡经济过程中发挥的作用，疏通和开辟农产品的流通渠道，解决农村商品流通问题。在1982年中共中央国务院发布的中央一号文件中明确指出："必须采取切实措施，改善农村商业，疏通流通渠道，加强市场管理，以保证农业生产迅速发展，为国家提供更多的产品，为农民增加更多的收入。"[①] 同时也提出了以市场调节辅助计划经济，疏通和开辟农产品流通渠道的政策，推进粮食流通体制改革，为市场化改革奠定了良好的基础。1983年1月2日，中共中央印发了《当前农村经济政策的若干问题》，其中明确了我国农业经济的发展要坚持以计划经济为主，市场调节为辅的方针，发展国营商业为主导，多种商业经济形

---

[①] 中共中央：全国农村工作会议纪要，1982年1月1日，http://www.taiwan.cn/zt/szzt/gqzt/lhsthg/wx/201009/t20100930_1547508.htm

式并存的商业形式，拓宽农产品的流通渠道。1984年，中共中央国务院发布的中央一号文件中也明确指出了发展商品生产之于农业发展与中国经济发展的重要性，并将疏通产品流通渠道以及发展商品生产作为年度农村工作的重点。由此可见，在当时推行粮食流通体制改革是农村经济发展的必然要求。随着农业经济体制改革的推进，中国农业经济发展迎来了新的大好形势，但是随着改革的推进，仍然暴露出了一些有待破解的难题。1985年中央一号文件中提出："必须进一步改革农村经济管理体制，在国家计划指导下，扩大市场调节，使农业生产适应市场的需求，促进农村产业结构的合理化"①，并针对盘活农村经济提出了十项具体政策，为农村经济市场化保驾护航。1987年1月22日，中共中央为实现农村经济的新增长，巩固和扩大现有的改革成果，进一步促进农业生产，对先行农村改革问题进行了深入的讨论，通过了《把农村改革引向深入》的文件。文件指出，根据发展有计划的商品经济的要求，逐步改革农产品统派购制度，建立并完善农产品市场体系，是农村第二步改革的中心任务。1988年，我国聚焦试点农副产品产供销一体化，在搞好试点工作的基础上，注重总结良好经验，为下一步由试点向全国推广奠定了良好坚实的基础。1991年，国务院发布了《关于进一步搞活农产品流通的通知》，提出了鼓励集体和个人参与市场流通的政策，借助多渠道经营模式为农产品市场注入了新的活力，并且提出了完善农产品市场体系和加强农产品流通基础设施建设等政策，以保证农产品市场在激发活力的同时，协调有序地推进，为下一阶段开始进行市场化探索改革奠定了良好的基础。

国家统计局数据显示，我国主要农产品出售量（以粮食、蔬菜和棉花为例）呈波动上升趋势，主要农产品商品化程度逐年提升。（见图1-2）

---

① 中共中央国务院：关于进一步活跃农村经济的十项政策，1985-01-01. https：//www.lawtime.cn/zhishi/a2612124.html

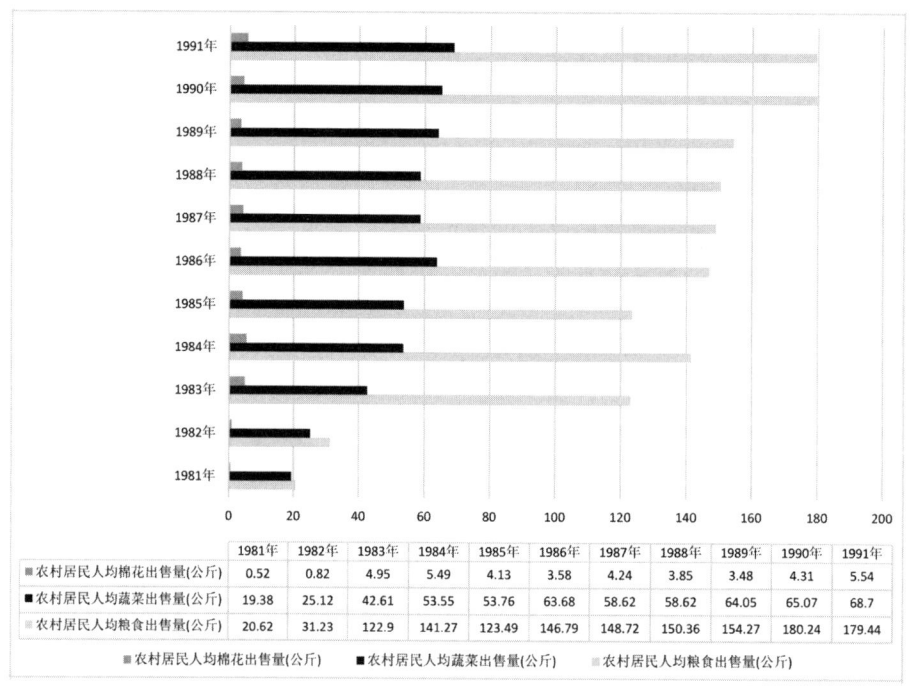

图1-2 1981—1991年农村居民家庭平均每人主要农产品出售量

（以粮食、棉花和蔬菜为例）

资料来源：根据国家统计局1981—1991年数据整理。

伴随着农村生产力的解放和粮食流通体制改革的逐步推行，中国的农业经济取得了突破性的发展，在实现了解放农村生产力的同时，提高了粮食和农产品的产量，使农业生产逐步适应市场经济要求，疏通和开辟了粮食和农产品的流通渠道，使农业生产释放出巨大的能量。根据国家统计局的数据显示，自1978年到1991年，我国的粮食产量由30476.5万吨上升到43529.3万吨[1]，粮食总产量实现了大幅跃升，人均粮食产量也有显著提升。（见表1-3）

---

[1] 国家统计局：1978—1991年全国粮食产量，https://data.stats.gov.cn/search.htm?s=%E7%B2%AE%E9%A3%9F%E4%BA%A7%E9%87%8Fl

表 1-3  1978—1991 年粮食总产量

| 年份 | 粮食总产量 | 同比增长（%） |
|---|---|---|
| 1978 年 | 30476.5 | - |
| 1979 年 | 33211.5 | 9 |
| 1980 年 | 32055.5 | -3 |
| 1981 年 | 32502 | 1 |
| 1982 年 | 35450 | 9 |
| 1983 年 | 38727.5 | 9 |
| 1984 年 | 40730.5 | 5 |
| 1985 年 | 37910.8 | -7 |
| 1986 年 | 39151.2 | 3 |
| 1987 年 | 40473.1 | 3 |
| 1988 年 | 39408.1 | -3 |
| 1989 年 | 40754.9 | 3 |
| 1990 年 | 44624.3 | 9 |
| 1991 年 | 43529.3 | -2 |

资料来源：根据国家统计局 1978—1991 年数据整理。

## 二、1992 年—2002 年：市场化改革探索阶段

在市场化改革的探索阶段，随着上一阶段的粮食流通体制改革和农村商品经济的不断推进和发展，市场的灵活性和主体多元化逐渐展现，农产品商品化逐渐提升。在 1992 年邓小平南方谈话和十四大精神的指引下，我国确立了建立社会主义市场经济的目标，农业发展也进入了一个新的阶段。如何实现农业与市场经济的协调发展也成为了这一阶段亟待攻克的难题。随之而来的也有农产品市场低迷，国家粮食产量相对减少等现实问题。由此凸显出来的，就是我国这一阶段农业发展面临的主要矛盾，即农业发展与社会主义市场经济不相适应的矛盾。因此，如何保证农业发展与

市场经济之间的平衡,保证农产品市场有序稳定发展和增强国家粮食安全,成为这一阶段我们面临的主要任务。在这一时期,我们致力于发展"高产优质高效"的农业,在适应市场经济发展的同时,着力调节市场供求平衡,协调粮食和农产品销售中遇到的困难,将保证粮食安全放在重要的位置,努力营造保证农民的收入和推进粮食生产安全高效的双赢局面。为了积极推进农业产业一体化,我国也率先在山东诸城开展农业产业一体化试验,并随后在广东、江苏等地建立一体化实体,从实践方面积极推广,积累经验,完善政策,并在全国范围内推行。

**(一) 农产品产业化经营**

伴随着市场化改革的不断探索,由家庭单位组织起来的小规模经营因其主体分散、组织化程度较低的特点,很难及时掌握国家的政策导向、把握有效的农业发展信息,很难精准把握市场导向,并且很容易出现农产品销售困难和价格波动问题,并且难以满足大规模多元化的市场需求。同时,在进行市场化改革的同时,农产品销售的社会服务化的特性也显现出来,所以对农业生产的要求也随之提高,农业生产的相关技术、服务、资金支持也都需要随之提升,因此,实现农产品的产业化经营势在必行。但是,农产品产业化经营并不能脱离家庭联产承包责任制的基础,更要把握市场这个重要的导向作用。

**1. 中央政策**

1993年7月2日,第八届全国人民代表大会常务委员会第二次会议审议通过了《中华人民共和国农业法》,其中第二章第十三条明确规定了"国家采取措施发展多种形式的农业产业化经营,鼓励和支持农民和农业生产经营组织发展生产、加工、销售一体化经营"[①]。为推进和实现农产品

---

① 人民代表大会常务委员会:《中华人民共和国农业法》,1993年7月2日,http://www.moa.gov.cn/gk/zcfg/fl/200601/t20060120_539625.htm

产业化经营提供了有力的法律支撑。同时,《农业法》中也明确了国家要给予农业产业化经营以财政支持,并且在发展农产品产业化经营时不得以任何理由侵犯农民利益,并积极加强基础设施建设为实现农业产业化发展提供良好有利条件。1998年中共中央发布了《中共中央关于农业和农村工作若干重大问题的决定》,总结了我国改革开放20年来在农村改革方面取得的基本经验,同样也肯定了现阶段我国农村出现的产业化经营取得的成效,这种把农产品生产、加工及销售等环节有机结合的经营模式,既可以将农业与市场有效衔接,也可以保证农民收入水平、农业发展水平以及农村改革和发展水平的协调统一,促进农业农村和农民的协调发展。同时,文件也指出了,要把乡镇企业作为国民经济发展的重要力量,要适应农业产业化经营的需要,围绕着农产品的保鲜和运输等方面作为发展重点,协调配合,共同进步。2001年,国务院发布了《关于发展高产优质高效农业的决定》,其中提到我国发展农产品生产的阶段,已经从单纯发展产量转变到高产与优质并重、提高效益的新阶段,为了巩固我国农业发展的成果,实现农业更高的发展,针对现阶段农业发展有待解决的问题,文件中给出了相应的解决办法。其中,文件明确提到,我们要以流通为重点,建立起贸工农一体化的经营体制,以适应市场经济的发展,为实现发展高效优质农业提供必要条件。作为农业生产者、市场以及消费者之间的纽带,贸工农一体化的发展关系农业经济发展,关乎市场稳定有序,关乎千家万户的利益,因此是"进入农村商品经济大发展时期以后的必然要求,也是发展高产优质高效农业不可缺少的基本条件"[1]。

**2. 部委政策**

2002年,农业部发布了《全国主要农产品加工业发展规划》,文件中明确说明了农产品加工业的发展现状,肯定了这一阶段农产品加工业在产加销

---

[1] 国务院:关于发展高产优质高效农业的决定,2001年11月21日,http://www.moa.gov.cn/gk/zcfg/xzfg/200601/t20060123_540893.htm

一体化和产业化经营迅速发展方面取得的成就,这些产销一体化企业以自己独有的产业化利益机制为纽带,与农户形成了利益共同体关系,在保证企业自身收入的同时,增加了农民的收入,实现了农业经济的持续健康发展。同时,为了实现农产品产业化,适应中国加入WTO,应对国内市场和国际市场两个大环境,文件中还提出了要以坚持适度规模和产业化经营的发展原则,重点扶植一大批大中型农产品加工企业,实行产销一体化经营模式,作为参与国际竞争的新兴产业主体,为中国农产品走向海外提供支持。

国家统计局数据显示,自1998年起开始设置关于农村居民家庭拥有生产性固定资产原值的统计项目,说明自1998年起,关于农村居民开始以家庭为单位从事生产性活动,并形成了一定的规模,以适应农产品产业化发展。其中,1998年到2002年,农村居民家庭拥有的生产性固定资产数量由3970.81元上升到5221.33元①,其中投用于农业生产的比重也有所提升,从1999年的占比72%上升到2002年的76%。(见图1-3)

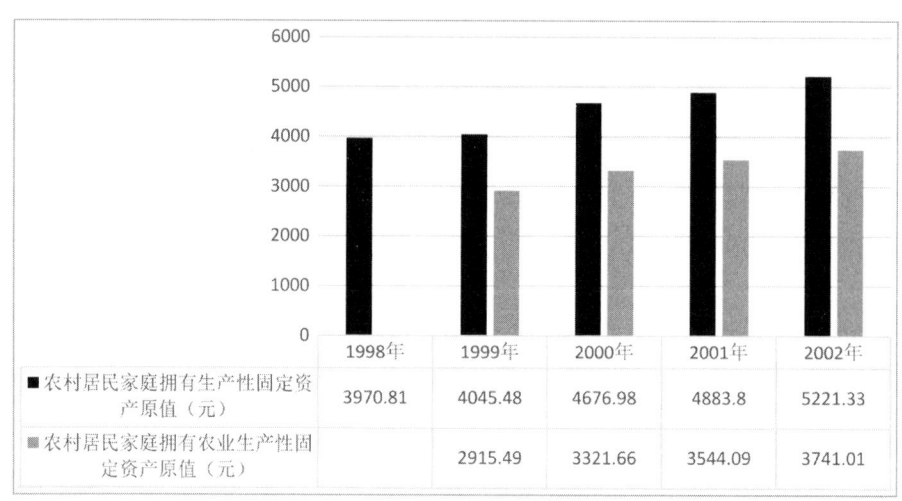

图1-3 1998—2002年农村居民家庭拥有生产性固定资产

资料来源:根据国家统计局1998—2002年数据整理。

---

① 国家统计局:1998—2002年农村居民家庭拥有生产性固定资产,https://data.stats.gov.cn/easyquery.htm? cn=C01&zb=A0A01&sj=2020

## (二) 推进农产品流通体制改革

邓小平的南方谈话和党的十四大的顺利召开，在理论上给予了长期争议的关于如何正确认识计划和市场的关系问题一个答案，明确了计划和市场只是发展经济的手段，而不是判定意识形态的标志，由此我们迈向了建立社会主义市场经济体制的新阶段。所以，要想实现农业经济新的发展，离不开顺应市场经济的潮流，因此推进农产品流通体制改革势在必行。

### 1. 中央政策

1992年9月，国务院发布了《关于发展高产优质高效农业的决定》，其中明确指出要将农产品进一步推向市场，并以市场为导向优化农产品生产结构，释放农产品活力。1993年，在进入农业和农村经济新的发展时期农村总体经济发展形式向好。但是，新的经济发展形势也让农村出现了一些亟待解决的新问题，主要是农民收入增长缓慢和农业发展后劲不足的问题日渐凸显。为了解决粮食产量不足的问题，中共中央国务院发布了《关于当前农业和农村经济发展的若干政策措施》，其中提到要深化粮食购销体制改革，并明确指出其重要性："当前和今后一个时期，要继续深化改革，使新体制尽快完善。这对于保障我国粮食生产稳步增长和产销平衡关系极大。"[①] 并且，为了保证粮食安全，国家提出了支持棉粮主产区发展经济的政策，在保证粮食产量稳定的前提下，支持产区利用优势发展经济，并对农业基础设施建设进行完善，以保证国家利益与个人收益协调一致。1998年10月14日，中国共产党第十五届中央委员会第三次全体会议通过《中共中央关于农业和农村工作若干重大问题的决定》，其中明确提出了要深化农产品流通体制改革，完善农产品市场体系，尤其是粮食、棉花等关系到民生的重要战略物资，不仅关系国家经济发展，更关系社会的和谐稳

---

[①] 中共中央国务院：关于当前农业和农村经济发展的若干政策措施，1993年11月5日，http://www.ce.cn/xwzx/gnsz/szyw/200706/07/t20070607_11637806.shtml

定。同时，在深化粮食流通体制改革时，要加强对农村商业网点的建设，绝不能忽略掉广大的农村市场，并对粮食流通体制改革进行必要的技术支持。1998年，国务院为了进一步推进深化粮食流通体制改革正式出台了《关于进一步深化粮食流通体制改革的决定》，文件指出了近年来我国在推进粮食流通体制改革中取得的成就的同时，也深刻分析了不足与现实问题，点明了粮食流通体制改革的重要性，并提出下一步推进粮食流通体制改革的具体措施，分别从经营机制、责权、储备、市场等方面提出体制改革的任务，并且提出"统一认识，加强领导，保证粮食流通体制改革顺利进行"①，明确了党在改革中的地位和作用。针对增加农民收入，减轻农民负担方面，国家也出台了相应政策来保障农民的基本利益。2001年，国务院发布了《国务院关于发展高产优质高效农业的决定》，其中针对将农产品进一步推向市场，推进粮食商品化，经营市场化，稳定粮食市场，要建立"多渠道、多形式、多层次、多经济成分的粮食流通制度"②，实行企业化经营模式，明确粮食流通制度中的主渠道作用。

### 2. 部委政策

1993年7月2日通过的《中华人民共和国农业法》第四章明确规定了关于农产品流通的相关法律政策。其中提及了关于农产品流通中要逐步开始靠市场调节，但是关系国计民生的农产品还要进行宏观调控管理。同时《农业法》还规定了关于从事农产品生产活动、经营活动及销售活动等各个环节的相应法律规定，为进一步推行农产品流通体制改革保驾护航。农业部在2002年发布的《全国主要农产品加工业发展规划》中同样也提及了涉及农产品流通体制改革中的问题，在肯定了现阶段我国农产品加工业

---

① 国务院：关于进一步深化粮食流通体制改革的决定，1998年5月10日，http://www.moa.gov.cn/gk/zcfg/xzfg/200601/t20060123_540354.htm

② 国务院：国务院关于发展高产优质高效农业的决定，2001年11月21日，http://www.moa.gov.cn/gk/zcfg/xzfg/200601/t20060123_540893.htm

的成就、点明农产品加工业现阶段存在的问题的同时，也明确了发展农产品加工业的原则。在规划中明确指出，坚持市场为导向是这一阶段我国发展农产品加工业必须要"在巩固城市消费市场的同时，把开拓广大农村、小城镇和国际市场作为重点和突破口，满足社会对农产品及其加工品的数量和多样化、多层次、优质化、方便化、安全化和营养化等需求"①。

国家统计局数据显示，1992年到2002年农村居民家庭平均人口主要农产品出售量较上一阶段，即农业化改革启动阶段有了显著的提升，真实反映了我国深化农产品流通体制改革取得的成效。在1992—2002年间，我国的人均粮食出售量首次突破了200公斤，蔬菜出售量也有了成倍的增长，从1992年的75.98公斤上升到2002年的143.77公斤②，人均棉花出售量也有了明显增加，农产品商品化程度逐渐加深。（见图1-4）

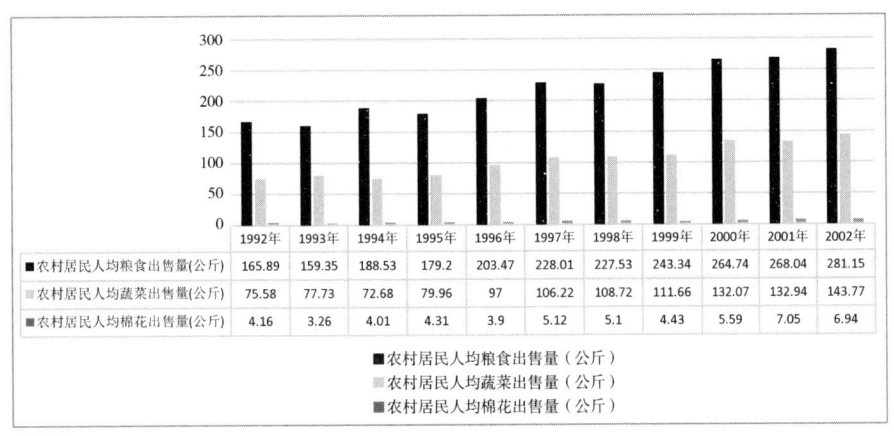

图1-4　1992—2002年农村居民家庭平均每人主要农产品出售量

（以粮食、棉花和蔬菜为例）

资料来源：根据国家统计局1992—2002年数据整理。

---

①　中共中央国务院：全国主要农产品加工业发展规划，2002年6月21日，http://www.moa.gov.cn/gk/tzgg_1/tz/200303/t20030311_63580.htm

②　国家统计局：1992—2002年农村居民家庭平均每人主要农产品出售量，https://data.stats.gov.cn/easyquery.htm?cn=C01&zb=A0A01&sj=2020

伴随着农产品产业化经营的推进和粮食流通体制改革的深化，中国农业发展与农产品生产的关系愈发密切，在建立社会主义市场经济制度的同时，借助市场经济的力量提升农产品生产动力与农业经济的发展活力，在使农业生产适应市场化的同时，满足了国家对于粮食产量的基本需求，使农业生产稳中有进。同时对于稳定粮食价格，释放棉粮主产区的生产活力做出了有力贡献。在发展市场经济的同时，实现了农业新的发展，同时为农民获取收入提供了新的渠道，在保证农民收入的同时，实现农业和农村的发展。根据国家统计局的数据显示，自1992年到2002年，我国农村居民可支配收入由1992年的784元上升到2002年的2529元[①]，实现了大幅度的增长。（见表1-4）

表1-4 1992—2002年农村居民人均可支配收入

| 年份 | 农村居民人均可支配收入 | 同比增长（%） |
| --- | --- | --- |
| 1992年 | 784 | 5.9 |
| 1993年 | 992 | 3.2 |
| 1994年 | 1221 | 5 |
| 1995年 | 1578 | 5.3 |
| 1996年 | 1926 | 9 |
| 1997年 | 2090 | 4.6 |
| 1998年 | 2171 | 4.7 |
| 1999年 | 2229 | 4.2 |
| 2000年 | 2282 | 2.5 |
| 2001年 | 2407 | 4.7 |
| 2002年 | 2529 | 5.3 |

资料来源：根据国家统计局1978—1991年数据整理。

---

① 国家统计局：1992—2002年农村居民可支配收入，https://data.stats.gov.cn/easyquery.htm? cn＝C01&zb＝A0A01&sj＝2020

## 三、2003年—2011年：城乡一体化统筹发展阶段

在城乡一体化统筹发展阶段，随着上一阶段的农产品市场化体制改革和粮食市场化改革的不断深入，在推动市场化改革的同时，也稳定了粮食产量，并在一定程度上增加了农民的收入。但是，随着市场化改革的深入，在给农业经济发展带来向好前景的同时，城乡发展二元化、粮食产量"非粮食化"的问题也逐渐凸显。因此，如何应对粮食安全问题，实现农村的多元化发展，成为这一阶段我们所面临的主要任务。同时，虽然农民的收入有了一定程度的提升，但压在农民身上的负担依然存在，农民减负问题关系农业生产力，关系农村发展，我们国家认识到它的重要性，积极从税费、行政收费等方面减轻农民负担。在这一时期，我国农业发展秉持着"以工促农，以城促乡"的原则，让工业发展反哺农业，城市发展带动乡村建设，实行农业税费制度改革，将工作重心聚焦到"三农"问题上，在夯实农业发展基础上，实现农业和乡村的全方位发展，减轻农民负担。

### （一）减轻农民负担

长久以来，农民的主要收入和生活来源都来自于土地，农民和土地的依附关系很强。十一届三中全会后，家庭联产承包责任制开始实行，改变了农民收入来源渠道单一的现状，丰富了农民收入来源。十四大后，我们开始建立社会主义市场经济体制，农业发展开始与市场经济相结合，在扩大农业生产规模的同时，也增加了农民的经济收入，这一过程充分体现了我们党在农业发展时始终坚持以农民为中心，立足农民的根本利益。进入21世纪以来，农民的收入增长较为缓慢，随之而来的城乡二元化差距也越来越大，因此减轻农民负担成为缩小城乡差距的关键环节。

**1. 中央政策**

2003年，在党的十六大精神的指引下，我国农村纷纷加紧跟上着重解决"三农"问题的步伐，农村工作克服了诸多困难，稳中有进地持续发展。国家粮食安全问题关系国家发展大计，为了保证国家粮食安全，我国持续推进农业政策改革，加大对农业和农村的扶持和投入力度，以激发粮食生产的活力，保证国家粮食安全。2004年中共中央国务院发布的《关于促进农民增加收入若干政策的意见》里明确指出了"集中力量支持粮食主产区发展粮食产业，促进种粮农民增加收入"[1]，在提高粮食主产区生产能力的同时，要加大对粮食主产区的投入，支持粮食主产区发展经济，以经济发展带动粮食产量。2005年，我国进入了农村改革和发展的攻坚阶段，中共中央国务院发布《关于进一步加强农村工作提高农业综合生产能力若干政策的意见》，其中针对解决粮食产量问题，分别从政策扶持、科技加持、经济支持等方面提出了解决措施，并提出了"提高农村劳动者素质，促进农民和农村社会全面发展"[2]。2007年，我国仍然坚持将"三农"工作摆在重要的位置上，致力于扎实推进农业稳定发展和增加农民收入。在中共中央国务院于2007年发布的《关于积极发展现代农业 扎实推进社会主义新农村建设的若干意见》上明确提出了要加大对"健全农业补贴政策，建立农业风险防范机制"[3]，通过政策的支持，在保证农民收入的基础上，实现粮食产量稳定发展。同时，通过"开发农业多种功能，健全发展

---

[1] 中共中央国务院：关于促进农民增加收入若干政策的意见，2004年12月31日，http://www.moa.gov.cn/ztzl/yhwj/wjhg/201202/t20120214_2481181.htm

[2] 中共中央国务院：关于进一步加强农村工作提高农业综合生产能力若干政策的意见，2004年12月31日，http://www.moa.gov.cn/ztzl/yhwj/wjhg/201202/t20120214_2481229.htm

[3] 中共中央国务院：关于积极发展现代农业扎实推进社会主义新农村建设的若干意见，2007年1月30日，http://www.moa.gov.cn/ztzl/yhwj/wjhg/201202/t20120215_2481382.htm

现代农业的产业体系"①，在保证粮食产量的同时维护国内粮食市场的稳定。2010年，国家出台了《关于做好2010年农业农村经济工作的意见》，针对减轻农民负担，保证粮食生产做出了明确要求，拓宽农民收入的渠道，保证农民收入稳定增长。

为了进一步减轻农民负担，国家开展了以农业税收为主的农业税费改革，并于2003年在全国范围内开始推广，改革的主要内容围绕着取消行政事业性收费和政府基金，取消屠宰税和劳动义务工，调整农业税和特产税等方面。从2004年开始，改革进入了深化阶段，开始实行取消农业税的试点工作，并对粮食主产区进行适当的税率调整。2005年12月29日，十届全国人大常委会第十九次会议通过了取消粮食税的决定，并于2006年1月1日起废止《农业税条例》，取消除烟叶以外的农业特产税，全部免征牧业税。全面取消农业税表明中国在减轻农民负担，以工业发展带动农业发展，缩小城乡差距方面做出了重要贡献。

**2. 部委政策**

2003年，财政部紧跟国家大政方针，聚焦减轻农民负担，发布了《关于进一步规范涉农收费管理 做好减轻农民负担工作的通知》，通知在阐明现阶段减轻农民负担的重要性，充分认识规范涉农管理对于减轻农民负担的重要性的同时，也提出了对涉农收费项目和标准的全面清理、开展涉农收费专项治理活动的重要举措，并对涉农收费的公示和审批进行了严格规范，从源头和程序上减轻农民负担，落实惠农政策。2008年，农业部下发了《关于做好当前减轻农民负担工作的通知》，通知中明确指出"减轻农民负担是一项长期、艰巨的任务。各级农民负担监督管理部门要适应新形

---

① 中共中央国务院：关于积极发展现代农业扎实推进社会主义新农村建设的若干意见，2007年1月30日，http://www.moa.gov.cn/ztzl/yhwj/wjhg/201202/t20120215_2481382.htm

势,研究新情况,解决新问题"①,再一次明确了减轻农民负担的重要性。为了进一步推进减轻农民负担工作,通知要求积极参与农村税费改革试点工作,加强对相关收费监督工作,深入基层探索农民减负过程中的新情况,"要用改革的办法,围绕探索治本措施和创新监管机制,深入乡、村开展减轻农民负担的调查研究,提出对策建议。要用发展的思路,及时总结基层增收减负的好经验、好做法,并进行宣传示范。"② 2009 年,农业部、国务院纠风办、财政部等多部门联合发布了《关于切实解决部分领域农民不合理负担问题的通知》,通知中指出了目前农村在义务教育、行政事业性收费等方面仍然存在乱收费行为,农民不合理负担的情况依然存在,国家立足现状着眼未来,针对相关问题提出了解决措施,从整治、规范、改革、监督等方面杜绝"阳奉阴违"的现象,切实解决农民不合理负担的情况,防止反弹现象的发生。2010 年农业部在下发的《2010 年党的强农惠农政策宣传材料》中指出,近年来农民的收入有了明显提高,但是,目前面临着的现实难题是如何保持农民收入加快增长,转变农业的发展方式。对此,要加大对农业和农村的投入,完善各项相关补贴政策,保证粮食收购价格,支持农业产业化发展,提高农业农村的劳动力素质,从全方面提高惠农助农力度,进一步保证农民收入提高。接下来,在 2011 年,农业部继续下发了《2011 年国家支持粮食增产、农民增收的政策宣传提纲》,在上一年的基础上,丰富了关于粮食增产的内容,并提出了种粮直补和农资综合补贴政策,并完善了对重要粮食的最低收购价格的规定,在带动粮食增产的同时,保证农民的利益不受损害。

---

① 农业部:关于做好当前减轻农民负担工作的通知,2008 年 3 月 4 日,http://www.moa.gov.cn/gk/zcfg/nybgz/200806/t20080606_1057285.htm

② 农业部:关于做好当前减轻农民负担工作的通知,2008 年 3 月 4 日,http://www.moa.gov.cn/gk/zcfg/nybgz/200806/t20080606_1057285.htm

## (二) 以工带农促进农业发展

在社会主义初步探索时期，为了实现工业化，我国坚持"两条腿走路"的方针，即以农业为基础，工业为主导，以农轻重为序发展国民经济的总方针。在工业化初始阶段，我国农业作为工业化发展的坚实后盾，为工业发展提供了积累。随着我国工业化的不断发展，带动了城市的快速发展，但是随之而来的也有城乡二元化差距扩大的现实问题。因此，以工业反哺农业，用城市发展带动农村发展是我国这一阶段发展社会主义市场经济，实现全面建成小康社会的必要措施。

### 1. 中央政策

在推动产业协同发展，缩小城乡二元化差距方面，我国农业政策也做出了具体规定，以适应农业发展的需要。2004年的一号文件中明确指出："发展农村二、三产业，拓宽农民增收渠道"[①]，鼓励农村发展非公有制经济，扶植乡镇企业，推动乡镇企业改革。2006年，中共中央国务院发布《关于推进社会主义新农村建设的若干意见》，其中明确指出了，在当下阶段推进城乡一体化建设对于实现社会主义新农村建设、城镇化和工业化的重要性，要在带动农村经济发展的同时，实现农村现代化，加强农村的基础设施和文化建设，缩小城乡发展差距。2009年至2010年，是我国经济发展较为困难的一年，受国际金融危机的影响以及自然灾害的考验，我们依旧迎难而上，在农业发展过程中取得了一些成绩。因此，城乡经济的关联度也在农业发展过程中不断提升，为进一步推进城乡一体化建设做了良好铺垫。2008年，中共中央发布了《关于推进农村改革发展若干重大问题决定》，在肯定我国农业发展取得成效的同时，明确了新形势下农村改革发展的重要意义，也指出了我国在农村发生新变革的同时，也面临着以城

---

① 中共中央国务院：关于促进农民增加收入若干政策的意见，2003年12月31日，http://www.gov.cn/test/2005-07/04/content_11870.htm

乡二元化为首的诸多矛盾亟待解决,城乡居民在收入上和生活上仍然存在着较大差距。文件中指出,"我国总体上已进入以工促农、以城带乡的发展阶段,进入加快改造传统农业、走中国特色农业现代化道路的关键时刻,进入着力破除城乡二元结构、形成城乡经济社会发展一体化新格局的重要时期。"① 2010年,中共中央国务院发布了《关于加大统筹城乡发展力度 进一步夯实农业农村发展基础的若干意见》,其中除了提及了要进一步加大对农村的扶持力度和政策倾斜之外,也明确提出了,我们目前要努力做到"加快改善农村民生,缩小城乡公共事业发展差距;协调推进城乡改革,增强农业农村发展活力"②,促进农民就业,保障农民的基本生活需要,加强农村基础设施建设,完善农业农村制度改革,以促进城乡一体化建设的实施。

**2. 部委政策**

2008年,农业部发布了《关于促进设施农业发展的意见》,其中深刻认识到了发展农业设施之于实现农民持续增收、转变农业经济发展方式、实现农业现代化的重要性,并明确指出了现阶段我国农业设施发展存在的现实问题,并以加强技术投入,拓展发展领域,扩大生产规模等为目标,在基于我国基本国情的基础上,积极发展设施农业,"探索出一条具有中国特色的高产、优质、高效、生态、安全的设施农业发展道路"③。同年,农业部发布了《关于鼓励和引导农业产业化龙头企业参与新农村建设的意见》,以龙头企业发挥农业主产区的优势作用,为农业经济发展增添动力。

---

① 中共中央:关于推进农村改革发展若干重大问题决定,2008年10月12日,http://www.gov.cn/test/2008-10/31/content_1136796.htm

② 中共中央国务院:关于加大统筹城乡发展力度进一步夯实农业农村发展基础的若干意见》,2009年12月31日,http://www.gov.cn/jrzg/2010-01/31/content_1524372.htm

③ 农业部:关于促进设施农业发展的意见,2008年7月20日,http://www.moa.gov.cn/nybgb/2008/dqq/201806/t20180611_6151611.htm

作为工业反哺农业的重要载体,龙头企业是连接一、二、三产业的天然纽带,对实现农业产业化,缩小城乡二元发展差距有重要的作用。因此,农业部针对农业产业化龙头企业提出了一系列的政策支持,为龙头企业参与社会主义新农村建设,实现以工促农格局提供有力支持。2010年,农业部办公厅发布了《关于做好2010年农村经营管理工作的意见》,在明确了土地权责经营制度和减轻农民负担问题的同时,明确了对坚持统筹城乡一体化,建设社会主义新农村的任务,通过推进农民专业合作社规范化建设,创新农业生产经营组织形式等措施,发展农业经济,开创农村发展的新局面,缩小城乡发展的差距,为农业和农村发展做出贡献。2011年,农业部发布了《关于创建国家农业产业化示范基地的意见》,通过"发挥龙头企业集群集聚优势,集成利用资源要素,完善强化农业产业化功能,提升辐射带动能力"[1],实现"促进农民就业增收,推动农业现代化与工业化城镇化同步发展"[2]。在我国农业产业化快速发展的新阶段,尽力产业化示范区有助于发挥集群效应,提高产业的核心竞争力,同时通过规模化生产来提高农业生产的效率,在发展农村经济的同时,带动农村城镇化水平的提升,在以农产品生产带动运输、信息、金融等服务业的发展的同时,服务业也在为农产品打开新的销路,增加新的收益,有利于形成产加销有机结合、一二三产业协调发展的格局。

根据国家统计局数据显示,2003—2011年,我国农副产品加工业规模以上工业企业单位数逐年上升,由2003年的11192个上升到2010年的25612个;2011年的农副食品加工业规模以上工业企业单位数有所下降,

---

[1]　农业部:关于创建国家农业产业化示范基地的意见,2011年4月28日,http://www.hzjjs.moa.gov.cn/zcjd/201104/t20110428_6289041.htm

[2]　农业部:关于创建国家农业产业化示范基地的意见,2011年4月28日,http://www.hzjjs.moa.gov.cn/zcjd/201104/t20110428_6289041.htm

下降到20895个①，但总体数据呈上升趋势。数据说明，我国农产品加工业规模逐渐扩大，从业发展带动农业发展，为农业注入新的动力，以工业反哺农业，实现了产业间的有机联动。（见图1-5）

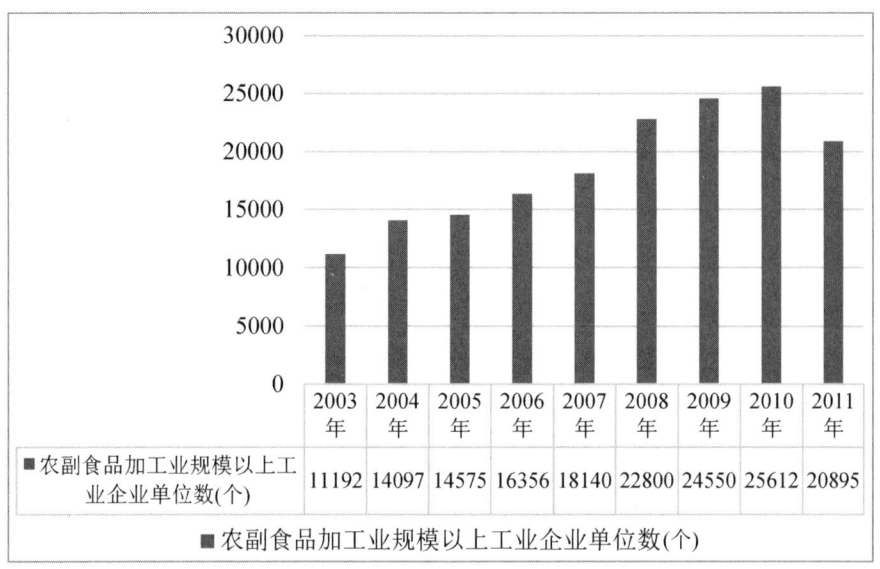

图1-5 2003—2011年农副食品加工业规模以上工业企业单位数

资料来源：根据国家统计局2003—2011年数据整理

伴随着以工促农和城乡一体化建设的推进，我国农业农村发展取得了长远的进步，以工业、服务业带动农业发展，产业间协同联动，释放农业发展的新动力，逐步缩小城乡差距，提升了农业现代化水平。同时，国家对农民的减负行动也取得了明显的成效，丰富了农民收入的同时，也在税务和行政收费等方面减轻了农民的负担，将惠农助农落到了实处。根据国家统计局的数据显示，2003—2011年我国农村居民的恩格尔系数逐年缩

---

① 国家统计局：2003—2011年农副食品加工业规模以上工业企业单位数，https://data.stats.gov.cn/easyquery.htm? cn＝C01&zb＝A0D04&sj＝2020

小，由2003年的43.9%下降到2011年的37.1%[①]，说明农村居民食品消费占总收入占比越来越小；同时相较城镇居民的恩格尔系数的差距也在逐年缩小，农村居民的生活水平正在逐渐向城镇居民靠拢，生活需求开始走向多元化。(见图1-6)

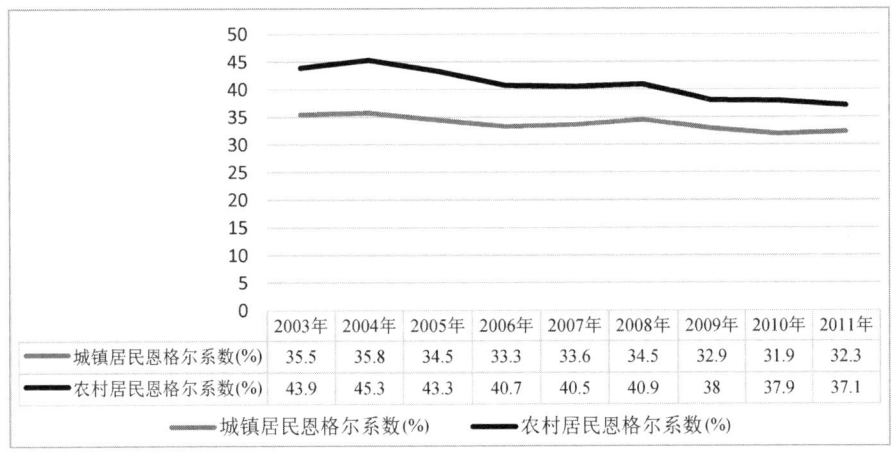

图1-6　2003—2011年城镇农村居民恩格尔系数

资料来源：根据国家统计局2003—2011年数据整理

## 四、2012年至今：农业现代化建设阶段

在农业现代化建设阶段，随着上一阶段的保护粮食安全、稳定粮食产量和城乡一体化发展的不断深入，国家在缩小城乡发展差距的同时，聚焦"三农"问题，进一步减轻农民负担，促进农村经济平稳发展。随着中国特色社会主义进入新时代，农业生产力也由落后转向了发展不平衡，人民的需求也变得更加多元化。因此，解决发展不平衡的问题，满足人民对于

---

① 国家统计局：2003—2011年城镇居民恩格尔系数，https://data.stats.gov.cn/search.htm? s=城镇居民恩格尔系数

美好生活的需要,推进农业现代化建设成了这一阶段的主要任务。在这一时期,我国农业围绕着实现"三农"全面发展,优化农业供给结构做出努力,深化农业供给侧结构性改革,促进城乡融合发展,为实现"两个一百年"奋斗目标不懈努力。

### (一) 推进农业现代化

全面建成小康社会的实现,推进农业现代化是一个必要条件。同时,推进农业现代化同样也是实现社会主义现代化,建设社会主义现代化国家的重要环节,关系到"两个百年奋斗目标"能否顺利实现。推进农业现代化是解决缩小城乡二元化差距,促进农业经济结构优化,合理分配农村劳动力的一把钥匙,因此,推进农业现代化对于新时代中国农业发展意义重大。

**1. 中央政策**

2012 年,在十八大精神的指引下,我国的城镇化、工业化都取得了长足的进步,也给中国的农业农村发展带来了一个全新气象,但随之也暴露出了农产品供求关系失衡,农村适龄劳动力流失的问题,同时城乡基础设施和收入分配的差距依然明显。在深化农业现代化发展方面,2013 年,中共中央国务院发布了《关于加快发展现代农业 进一步增强农村发展活力的若干意见》,其中明确指出了:"建立重要农产品供给保障机制,努力夯实现代农业物质基础"①,在发展农业生产的同时,要加强对农业的技术支持,发挥市场和政府无形的调节和有形的调控,加快构建现代化农业,为现代化农业提供科技支持和政策扶植。同时,在 2013 年发布的中央一号文

---

① 中共中央国务院:关于加快发展现代农业进一步增强农村发展活力的若干意见,2012 年 12 月 31 日,http://www.gov.cn/zhengce/2013-01/31/content_5408647.htm

件中也提及了要"改进农村公共服务机制,积极推进城乡公共资源均衡配置"①,加强农村基础设施建设,大力发展农村社会事业,努力缩小城市和乡村的差异,保证农民的基本权益,提高农民生活质量。2014年,我国经济社会发展进入了重要的转型期,对现代化进程也有了更高标准和更加紧迫的要求。在这一年中共中央国务院发布了《关于全面深化农村改革加快推进农业现代化的若干意见》,在保证农产品生产稳定发展,实现农村可持续发展的同时,针对农业现代化提出了:"构建新型农业经营体系;健全城乡发展一体化体制机制"②,经济上发展主体多元化的新经营模式,社会公共服务上实现均等化,积极推动农业转移人口市民化。

**2. 部委政策**

2017年农业部财政部等四个部门联合发布了《关于扎实推进国家现代农业示范区改革与建设率先实现农业现代化的指导意见》,以示范区发挥模范带头作用,努力发展可复制可推广的典型样板,在全国范围内推广农业现代化。从产业扶植、财政支持、科技帮扶多角度展开示范区建设,以实现和推广农业现代化。同时,为了支持和发展现代农业,在2017年财政部发布了《关于推动金融支持和服务现代农业发展的通知》,为了积极拓展农业现代化新局面,文件中指出,在对农业发展进行金融支持的同时,紧紧把握住发展重点,开阔视野,勇于创新,发挥农村特有的金融优势,对农业现代化发展进行财政倾斜,在"传统农业向现代农业转型跨越的关键时期,新型农业经营主体不断涌现,农业规模化、标准化、组织化、集

---

① 中共中央国务院:关于加快发展现代农业进一步增强农村发展活力的若干意见,2012年12月31日,http://www.gov.cn/zhengce/2013-01/31/content_5408647.htm

② 中共中央国务院:关于全面深化农村改革加快推进农业现代化的若干意见,2014年1月19日,http://www.gov.cn/zhengce/2014-01/19/content_2640103.htm

约化水平持续提高,先进科学技术和农业装备应用快速推广,农业进入了高投入、高成本的发展阶段"①,要抓住农业现代化发展的机遇。

农业机械使用水平是判断农业现代化水平的一个重要标志。根据国家统计局数据显示,2012年起,我国农业机械总动力于2015年达到峰值111728.07万千瓦,并于2016年陡降到97245.59万千瓦,随后逐渐回升到2020年的105622.15万千瓦,总体比2012年的102558.96万千瓦有所上升②,说明我国在提升农业机械使用率方面作出了努力。(见图1-7)

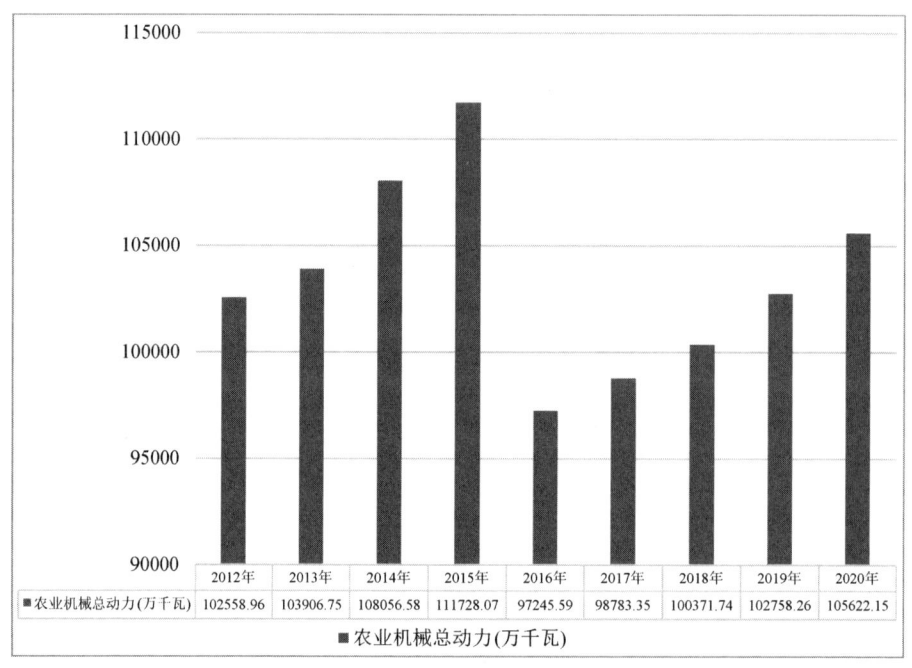

图1-7 2012—2020年农业机械总动力

资料来源:根据国家统计局2012—2020年数据整理。

---

① 农业部:关于推动金融支持和服务现代农业发展的通知,2017年12月8日,http://www.moa.gov.cn/nybgb/2014/djiuq/201712/t20171219_6111376.htm

② 国家统计局:2012—2020年农业机械总动力,https://data.stats.gov.cn/easyquery.htm?cn=C01&zb=A0D05&sj=2020

### (二) 推进农业供给侧结构性改革

我国经济发展面临的主要问题就是发展不平衡不充分的问题,且不平衡主要是在供给侧。解决农业发展不平衡问题,增强农产品供给应对市场需求的适应性和灵活性,就必须要转变经济发展方式,进行供给侧结构性改革。

**1. 中央政策**

2017年,经过不断努力,在农业政策变迁过程中,我国农业发展迈上了一个新的台阶,农业现代化水平不断提升,农业生产总量不足的问题得到了有效解决,结构性矛盾逐渐凸显,因此,我们开始坚定不移地推进农业供给侧结构性改革。中共中央国务院发布了《关于深入推进农业供给侧结构性改革 加快培育农业农村发展新动能的若干意见》,在阐明现阶段推进农业供给侧结构性改革的难点和现状的同时,明确表示了农业供给侧结构性改革的长期性和复杂性,并分别从产业结构、生产方式、发展方式以及产业更新等角度提出了解决措施,紧紧贴近"三去一降一补",扩大内生动力,着力补齐短板。2020年,为了营造统一开放、竞争有序的农业市场环境,中共中央国务院发布了《关于构建更加完善的要素市场化配置体制机制的意见》,从土地要素分配、劳动力要素分配、基本要素分配、技术要素分配、数据要素分配以及产品价格等方面提出了指导意见,积极引导农业市场供给持续健康发展,稳步推进农业供给侧结构性改革。

**2. 部委政策**

为了转变农业发展方式,配合推进农业供给侧结构性改革,国家各个部门聚焦农业发展方式转变可能遇到的问题,从政策完善的角度,给予农业发展多方面的扶持。2015年财政部发布了《关于支持多种形式适度规模经营促进转变农业发展方式的意见》，从扩大规模、完善主体、加强涉农资金管理等多角度，针对推进农业发展方式转变提出了指导意见，为优化农业生产资源配置，提高劳动生产率注入动力。2017年，财政部连同农业部发布了《关于调整完善农业三项补贴政策的指导意见》，明确指出"在全国范围内调整20%的农资综合补贴资金用于支持粮食适度规模经营；进一步加大对适度规模经营的政策倾斜力度"[1]，从财政上对农业规模化经营进行政策倾斜，加大资金扶植力度。2022年，农业农村部计划财务司出台了《社会资本投资农业农村指引（2022年）》，其中重点鼓励社会资本投资重点产业和领域，推动农业农村经济转型升级，同时鼓励根据农村发展实际情况，创新投资方式，"推动资源整合、投资结构优化、投资效能提升"[2]。同年，农业农村部发展规划司印发了《农业农村部办公厅关于印发农业生产"三品一标"提升行动有关专项实施方案》，明确了当前农业生产要针对当地实际发展情况，选好选对主导产业，并引导资金、人才和技术向重点行业和重点领域聚集的工作任务。

### （三）实施乡村振兴战略

乡村振兴战略是顺利实现全面建成小康社会目标，开启建设社会主义现代化强国新征程的必由之路，是我国"三农"问题的总抓手，关系我国亿万农民对于美好生活的向往，关系我国农业实现全方位的发展，关系到我国农村实现环境宜居生态宜人的蜕变。因此，实施乡村振兴战略，必须从中国的国情出发，立足农业农村发展实际，坚持以农民为主体，向着高质量高标准发展迈进。2021年4月29日第十三届全国人民代表大会常务

---

[1] 财政部农业部：《关于调整完善农业三项补贴政策的指导意见》，2017年12月2日，http://www.moa.gov.cn/nybgb/2015/qi/201712/t20171219_6103732.htm

[2] 计划财务司：社会资本投资农业农村指引（2022年），2022年4月2日，http://www.moa.gov.cn/govpublic/CWS/202205/t20220516_6399367.htm

委员会第二十八次会议通过《中华人民共和国乡村振兴促进法》，将乡村振兴战略提升到法律高度，并以法律形式规范了推进乡村振兴战略的具体要求。

**1. 中央政策**

2018年，紧跟十九大做出的战略部署，在十九大精神的指引下，我们开启了实施乡村振兴战略的新征程，这是实现"两个一百年"奋斗目标必须要进行的重大历史任务，也是我们解决"三农"问题的关键环节。中共中央国务院发布了《关于实施乡村振兴战略的意见》，指明了现阶段我们实施乡村振兴战略的重要意义，并对下一年推行乡村振兴战略做出了总体要求和基本原则的规范。在实施乡村振兴战略过程中，要坚持从经济建设、政治建设、文化建设、社会建设和生态文明建设多角度、全方位地推进乡村振兴，其中着重提及了生态宜居是乡村振兴的关键所在，要着力打造人与自然和谐共生的生态发展新格局。2020年，作为决胜全面建成小康社会的决胜之年，农村工作和农业发展也关系到全面建成小康社会能否顺利实现，因此，在这一年，农业和农村工作的关键，就是农村贫困人口的脱贫问题。在这一年，中共中央国务院发布了《关于抓好"三农"领域重点工作确保如期实现全面小康的意见》，里面提及了在这一时期，我们要坚决打赢脱贫攻坚战，在基础设施方面，要"对标全面建成小康社会加快补上农村基础设施和公共服务短板"[1]，稳定农产品供给以保证农民收入，着力补齐"三农"领域的突出短板，为第一个百年奋斗目标不懈努力。2021年，中共中央发布了《关于全面推进乡村振兴加快农业农村现代化的意见》，要求我们在巩固脱贫攻坚成果的基础上，全面推进农业农村现代

---

[1] 中共中央国务院：关于抓好"三农"领域重点工作确保如期实现全面小康的意见，2020年2月5日，http://www.gov.cn/zhengce/2020-02/05/content_5474884.htm

化，实现巩固拓展脱贫攻坚成果同乡村振兴有效衔接①。2021 年，国务院针对实现绿色经济低碳发展发布了《关于加快建立健全绿色低碳循环发展经济体系的指导意见》，明确了农业要实现绿色发展，推动一二三产业融合发展，为乡村生态振兴提供新的导向。2021 年，中共中央办公厅、国务院印发了《农村人居环境整治提升五年行动方案（2021—2025 年）》，明确了现阶段改善农村居住环境的必要性，为打造一个生态宜居、乡风文明的现代化新农村提供了政策性指引。2022 年 1 月 4 日，中共中央国务院联合发布了 2022 年中央一号文件《关于做好 2022 年全面推进乡村振兴重点工作的意见》，强调在艰难复杂的环境背景下，我们更应该"扎实有序做好乡村发展、乡村建设、乡村治理重点工作，推动乡村振兴取得新进展、农业农村现代化迈出新步伐"②。

**2. 部委政策**

在十九大精神的指引下，为了顺利实现全面建成小康社会的第一个百年奋斗目标，顺利踏上建设社会主义现代化国家的新征程，我们全面开启了推进乡村振兴战略，坚决打赢脱贫攻坚战。为此，各部门协调推进，为乡村振兴战略的落地生根提供良好的环境。为了支持脱贫攻坚顺利实现，财政部出台了一系列税收优惠政策，从基础设施建设、农业产业发展等多角度，对农村的水利建设、土地资源配置，农民在日常生活中的衣食住行，农业产业的生产、流通、交换、分配等方面进行政策倾斜和税收减免，真正做到惠农助农，为实现脱贫攻坚保驾护航。乡村振兴的最终实现，任何一个方面都不能落下，离不开各部门的积极努力。2019 年，国务院发布了《关于促进乡村产业振兴的指导意见》，文件中

---

① 中共中央国务院：关于全面推进乡村振兴加快农业农村现代化的意见，2021 年 2 月 21 日，http://www.gov.cn/zhengce/2021-02/21/content_5588098.htm

② 中共中央国务院：关于做好 2022 年全面推进乡村振兴重点工作的意见，2022 年 1 月 4 日，http://www.gov.cn/zhengce/2022-02/22/content_5675035.htm

指出，要积极以习近平新时代中国特色社会主义思想、十九大精神以及六中全会精神为指导，坚持因地制宜、突出特色、融合发展、以农带农的基本原则，突出农业发展特色，优化农村空间布局，推动产业融合发展，培养创新创业意识等多角度，实现乡村产业振兴，实现"力争用5—10年时间，农村一二三产业融合发展增加值占县域生产总值的比重实现较大幅度提高，乡村产业振兴取得重要进展。乡村产业体系健全完备，农业供给侧结构性改革成效明显，绿色发展模式更加成熟，乡村就业结构更加优化，农民增收渠道持续拓宽，产业扶贫作用进一步凸显"[①]的目标。2021年，中共中央办公厅、国务院办公厅联合发布了《关于加快推进乡村人才振兴的意见》，着重培养农村一二三产业的高素质经营人才，培养农业科技人才，并明确指出，要保证高素质人才在农业发展中发挥应有的作用，充分发挥农业生产中最活跃的主体能动性，为推动乡村振兴战略提供重要的人才支撑。

伴随着农业现代化、农业供给侧结构性改革和乡村振兴战略的逐步推行，我国取得了农村现行贫困人口全部脱贫的举世瞩目的成绩，开启了实现农业现代化建设的新局面，为实现建设社会主义现代化的目标夯实了基础，实现了在稳定粮食产量的同时，推进乡村的全面发展。根据国家统计局的数据显示，自2012年到2021年，我国的农业总产值由44845.72万亿元上升到78339.51万元[②]，农业总产值逐年提升。（见图1-8）

---

[①] 国务院：关于促进乡村产业振兴的指导意见，2019年6月28日，http://www.gov.cn/zhengce/content/2019-06/28/content_5404170.htm

[②] 国家统计局：2012—2020年农业总产值，https://data.stats.gov.cn/easyquery.htm? cn=C01&zb=A0D04&sj=2020

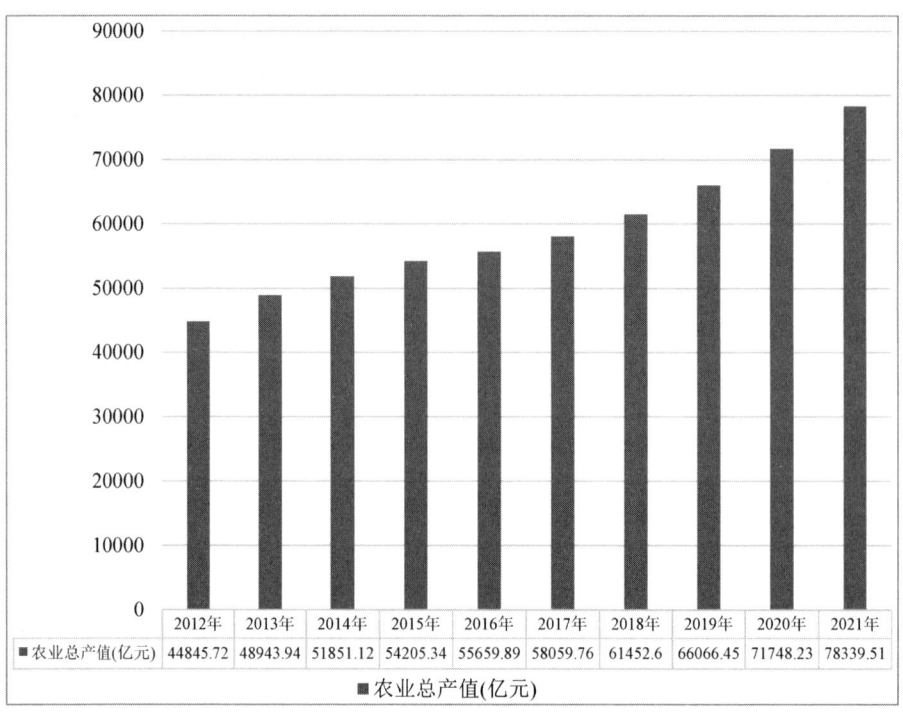

图 1-8 2012—2021 年农业生产总值

资料来源：根据国家统计局 2012—2021 年数据整理。

# 第二章 改革开放以来黑龙江省农业政策演变动因分析

黑龙江省农业政策演变的背后受到不同层次的动因驱动,既有不同阶段国家农业政策的导向影响,也与黑龙江省农业发展的自然环境、历史发展与社会经济因素息息相关。

## 一、国家农业政策的导向驱动

### (一) 1978—1991 年:以增产和盘活农业经济为导向

20世纪70年代末期,随着党的工作重心的转移,开始实行以经济建设为中心的发展战略。同时,在理论上,对于商品经济的认识也发生了变化,开始承认商品经济也是社会主义经济的一部分,认识到要实现农业经济发展,商品经济是一个重要手段,市场对于生产成本和价格的调节也与经济发展密切相关。因此,国家政策也向着政策指导、经济调节的方向转变。面对着粮食产量相对不足,人民的基本温饱亟须需完善的现状,如何提高粮食产量就成为这一阶段我们亟须需解决的问题。提高粮食产量,首先要考虑的就是如何提高全要素劳动生产率,以保证粮食生产有效运行。同时,在农业发展的具体时间方面,随着安徽省凤阳县小岗村对于家庭联产承包责任制的试验取得了良好的成果,通过明确所有制关系,来调动农民的生产积极性，为发展多种经营形式提供了良好的示范，也为家庭联产承包责任制的发展和推广提供了良好的环境。

1978年以后，家庭联产承包责任制的推行，在赋予农民在生产上一定的自主权的同时，最大程度上调动了生产者投入生产的积极性，使农业生产者最大限度地投入到集体生产当中，不仅加快了粮食生产，也提高了粮食生产的产量。但是，在这一时期我国的政策主要聚焦提高粮食产量、解决人民温饱的问题，并未正式开始对农业产业结构进行实质性调整，农产品流通依然存在买卖困难的问题。1984年，国务院发布了《农副产品购销合同条例》，放宽对农副产品流通的限制和管理，以疏通农产品流通渠道，同时带动粮食产量的提高，在农产品的流通逐步转向市场化的同时，也实现了粮食产量的大幅提升，解决了粮食生产需求大于供给的现实问题。从1985年开始，国家开始推行粮食统购统销制度，市场成为农业产业结构调整的动力，开始逐步推行市场收购，增强农副产品商品化程度，推动农村商品经济发展，调节农产品市场供求平衡，稳定农产品市场价格。由此之后，国家开始引导农业经济由计划经济逐步向市场经济发展，通过发展商品生产，实现农产品商品化，进一步促进社会分工的细化，提高生产力发展水平。1990年，为了进一步保证国家粮食安全，提高粮食及农产品商品化水平，解决粮食买卖困难的问题，国家专门制定了粮食储备制度，以平衡粮价，稳定粮食生产，进一步提高粮食生产力水平。

### （二）1992—2002年：以实现农业产业化经营和市场化为导向

伴随着农村经济改革的不断深化以及商品经济的不断发展，为农业产业化的实现提供了良好的环境，同时，想要实现农村经济改革的逐步深化，实现农村商品经济更好更快地发展，实现农业产业化经营势在必行。商品经济的发展给农业生产带来的是生产的逐渐专业化以及社会分工的更加明确，实现农业产业化发展是农业经济现阶段发展的必然结果。农业产业化经营的目的就在于解决我国农业发展存在的一些深层次的矛盾问题，关系未来农村经济的可持续发展。同时，中国加入 WTO 之后，在加快我国农业经济市场化进程的同时，也对中国农业生产规模也提出了新的要求，不仅要满足国内市场的要求，也要满足国际市场的新要求。随着上一阶段农产品流通体制改革的初步开展，我国的生产力水平得到了一定程度的调动，但仍然存在着农业生产投入不足的问题，而解决投入不足的问题，首先就应该提升农业生产的效益。农业产业化经营有利于在坚持家庭联产承包责任制的基础上，实现生产专业化、服务社会化以及资源配置和区域布局的优化，充分发挥经营优势，提高经济效益。

1992 年，在明确了以市场为导向优化生产的目标之后，我国开始了粮食购销体制改革，在保证粮食生产的同时，疏通粮食流通渠道，拓宽农粮产品销路，同时带动了粮食主产区的规模化经营。1993 年，农业产业化的概念在山东省首先提出之后，中共中央于同年 11 月份发布了《中共中央关于建立社会主义市场经济体制若干问题的决定》，明确提出要实现工农贸一体化经营，这是中共中央第一次发布鼓励和支持发展农业产业的政策，对于中国农业经济发展具有划时代的重要意义。1997 年，十五大报告中明确指出坚持以市场为导向，使农业生产适应国内和国际两个市场，促进产业结构优化调整，转变经济发展方式。从 1998 年开始，国家在发展农业产业化经营的基础上，开始更加重视农业生产的综合能力，开始向发展具有中国特色的现代农业努力。同时，进入 21 世纪以来，国家开始进一步将农产品推向市场，在满足国内市场需求的同时，也带动国际市场供给，进一步实现了农产品商品化，完善了市场化经营，丰富了农产品流通渠道。

**（三）2003—2011 年：以减负农民和缩小城乡二元化差距为导向**

伴随着农产品产业化经营和农产品流通体制改革的深入推进，我国的农业经济水平得到了提高，经营优势逐渐凸显。一直以来，我国农业政策始终坚持从农民主体出发，在保证农业经济实现发展的同时，兼顾最广大农民的根本利益,税费问题作为关系农民切实利益的根本问题,是农业政策改革的焦点。而进行税费改革,是增加农民收入、减轻农民负担、缩小城乡二元化差距行之有效的办法。同时,随着改革开放和社会主义市场经济的不断深入发展,我国的国民经济水平有了显著的提升,但是,随之突显出来的也有城市发展与乡村发展逐渐拉开差距的现实问题。工业化的迅速发展,城乡二元化差距的逐渐拉大,会给国民经济的发展造成一定程度的压力,这是国际工业化发展得出的基本经验。在实现工业化的过程中,农业作为工业的坚实后盾,为工业发展提供了有效的支持,而农业产业化经营发展到一定阶段,如果想实现生产规模的进一步扩大,离不开二三产业的支持。

2003年,《关于全面推进农村税费改革试点工作的意见》的颁发拉开了农业税费改革工作的序幕。2005年,第十届全国人民代表大会第十九次会议做出了废止《中华人民共和国农业税条例》的决定,正式宣告农业税制度的废除,从根本上减轻了农民的负担。农业税的正式废除,在中国农业政策改革的历史上具有重要的意义,标志着我国以工业带动农业发展的阶段、以城市发展带动乡村发展的阶段正式开始,工业和农业的关系也开始由索取向给予转变。2003年初,胡锦涛在中央农村工作会议上指出:"充分发挥城市对农村的带动作用和农村对城市的促进作用,实现城乡经济社会一体化发展"①。在2004年的中央一号文件中,明确提出了要统筹城乡发展力度,大力推进社会主义新农村建设的指示。随后,在2007年到2010年的中央一号文件中,也对完善农村基础设施建设、建立健全农业公共服务体系提出了新的要求。科学发展观的提出,也带动着农业政策开始向注重生态文明发展的角度转变,赋予了社会主义新农村建设新的内涵。

---

① 中共中央文献研究室编:《十六大以来重要文献选编》(上),中央文献出版社2005年版,第120页。

### (四) 2012年至今：以实现农业农村现代化为导向

在推进国民经济发展和社会主义现代化的进程中，农业发展是贯穿其中的重要因素之一，关系民生之根本。自党的十八大以来，国家致力于实现农业现代化，积极探索现代化道路，推动乡村治理能力和治理体系的现代化建设，不断完善有关农业、农村和农民的政策法规体系，立足"三农"，惠及"三农"，在解决不平衡不充分发展问题的同时，致力于满足广大农民对于美好生活的追求。党的十八大报告指出，我国要坚持走中国特色新型工业化、城镇化、信息化和农业现代化的道路，因此，农业现代化是中国走向农业强国之路必须要实现的重要目标之一。党的十九大以来，我国进入了全面建成小康社会的决胜期，而全面建成小康社会的关键就在于能否将农村广大的贫困人口带离贫困的困境，为了实现国家现行贫困人口的全部脱贫，我国提出了实现乡村振兴的重要战略。同时，党的十九大报告也丰富了农业现代化的重要内涵，首次提出了"农业农村现代化"的重要概念，在此之后，农村现代化和农业现代化一起，成为了我国"三农"建设的关键。农业农村现代化建设，不仅是实施乡村振兴战略的重要目标之一，同时也是全面建成小康社会，努力补齐短板的必要措施。

为实现农业农村现代化，我国进行了一系列的政策部署。2014年中央一号文件首次提出了"走中国特色新型农业现代化道路"的概念，第一次以"中国特色"和"新型"定义了农业现代化，赋予了农业现代化新的内涵。2017年发布的中央一号文件中，中共中央聚焦农业发展，以农业供给侧结构性改革为中心，对农业产业的生产环节、体制改革以及突破创新等提出了建议，为平衡农业市场供求关系做出了重要贡献。2018年，中共中央发布的一号文件中指出，要将乡村振兴战略作为"三农"工作的总抓手。乡村振兴战略具有全面性和多元化的特点，涵盖政治、经济、文化、社会和生态五个方面，乡村振兴战略的提出，不仅是农业经济发展到一定阶段的必然需求，同时也是广大农村对生产方式和生活方式的转变的必要举措，是满足广大农村居民对于美好生活向往的必由之路。同时，实现农业农村现代化离不开发展绿色农业，2017年，发展绿色农业的概念进入了人们的视野，发展绿色农业是农业经济可持续发展的必然要求，也是实现农业农村现代化的重要标志之一。2021年发布的中央一号文件中深刻指出了，举全党全国之力实现农业农村现代化，为农业政策变迁，为现阶段实现农业农村现代化提供了新的政策导向。2022年发布的中央一号文件《关于做好2022年全面推进乡村振兴重点工作的指导意见》中提出，现阶段我们要强化现代化农业的基础支撑，坚决防止返贫现象的发生，以产业发展推动乡村发展，为进一步实现农业农村现代化助力。

## 二、黑龙江农业大省的区域省情

黑龙江省位于祖国东北边疆，地域辽阔，拥有丰富的农业自然资源。黑龙江地区的地貌为"五山一水一草三分田"，整体上呈现出山环水绕之态，西、北、东三面有大兴安岭、小兴安岭和张广才岭、老爷岭两大山区逶迤起伏，地势上呈现为西北、北部和东北部高；在东北、西南部有三江、松嫩两大平原，因此整体上东北、西南部地势低。黑龙江、松花江、乌苏里江、绥芬河等河流纵横交错，水资源丰富。随着人类活动的几经变迁，黑龙江地区农业也历经兴衰起落。到新中国成立，在党的领导下，黑龙江地区也发生了翻天覆地的变化，人民当家做主，以极高的热情投入到国家建设中。在党的领导下，积极开展社会主义现代化农业建设，黑龙江地区农业取得日新月异的变化。随着农业经济制度的改革，经过长时间不懈的奋斗，黑龙江省已经成为盛产大宗粮食、大豆和多种工业原料，农林牧副渔全面发展的兴盛之地，是国家重要的商品粮基地之一。

## 第二章 改革开放以来黑龙江省农业政策演变动因分析

### (一) 丰富的农业用地资源

一是农业用地资源充足,开发较好。黑龙江作为土地资源大省,全省土地总面积为47.07万平方公里（含加格达奇区和松岭区,两区面积共1.82万平方公里）,占全国土地总面积的4.9%,居全国第六位[①]。土地是农业生产的最基本生产资料,黑龙江省地域广阔,适宜开垦的土地资源丰富,耕地面积逐年不断增多。

表 2-1 黑龙江省土地状况（2019 年）

| 项目 | 面积（万公顷） | 占全省土地总面积(%) | 占全国同类土地面积(%) | 在全国各省区的排名 |
|---|---|---|---|---|
| 耕地 | 1719.5 | 35 | 13.4 | 1 |
| 园地 | 6.2 | 0.1 | 0.3 | ??? |
| 林地 | 2162.3 | 45.9 | 7.6 | 4 |
| 草地 | 118.6 | 2.5 | 0.4 | 12 |
| 湿地 | 350.1 | 7.4 | 14.9 | 4 |
| 城镇村及工矿用地 | 116.4 | 2.5 | 3.3 | 13 |
| 交通运输用地 | 54.4 | 1.2 | 5.7 | 3 |
| 水域及水利设施用地 | 168.6 | 3.6 | 4.6 | 7 |
| 其他用地 | 10.7 | 0.2 | | |
| 总面积 | 4707.0 | 100 | 4.9 | 6 |

资料来源:根据《中国统计年鉴2021》《黑龙江统计年鉴2021》数据整理。

---

[①] 黑龙江省自然资源厅:土地资源概况,2019 年,http://www.hljlr.gov.cn/zwgk/zygk/tdzygk/201911/t20191111_277814.html

早在新时器时代,黑龙江地区就进行开荒种地的生产,先民使用简单粗笨的农业工具,随着技术逐渐成熟,工具也发展为铁制农具,并开始进行牛耕,一块块耕地在莽莽荒原上出现。在公元7世纪到公元17世纪这漫长的历史时期中,各朝各代都曾在这片黑土地上进行过屯垦活动。当时,牡丹江流域、松嫩平原都曾经产生过连片的农业区,但是开垦耕种受到时代政权更迭、战争的影响,并未稳定持续发展。到了封建社会最后一个王朝清王朝统治之际,清政府对于黑龙江地区实行"封禁",不允许对于当地进行大面积的开垦,仅有少量的边军和旗人进行开垦种植,耕地面积小。在19世纪初之时,黑龙江地区耕地面积只有38万垧,合计380万亩。直到清朝末期,清政府对于边境开禁,开始屯田戍边,允许农民进入黑龙江地区开垦,农田垦殖才逐渐兴盛起来,耕地逐渐增多。1911年辛亥革命后,中华民国成立,对于黑龙江地区的政策也发生了变化,鼓励移民,开垦实边。越来越多的移民进入到东北,到达黑龙江区域,土地不断地开垦,耕地面积逐渐增多。到1930年,黑龙江地区耕地面积达到了8760万亩(584万公顷)。九一八事变后,日本入侵东北三省,组建"开拓团"(亦称拓殖团)以达到其长期占有的侵略目的,大量农民的耕地被剥夺。在1943年开垦的耕地面积共计9255万亩(617万公顷),但多数耕地掌握在日本侵略者手中。随着1945年8月抗日战争的胜利,日本侵略者战败仓皇逃离,"开拓团"开垦的土地大量撂荒。根据调查黑龙江地区47个县,其中397个村中驻有日本侵略者的"开拓团",共计11.9万人,被强占的耕地有1500万亩(100万公顷)之多。日本侵略者占据东北,大量掠夺当地资源,供应本国战争机器的开动。黑龙江地区的粮食在日据时期,被大量的掠夺,侵略者垄断粮食市场,廉价收购粮食,后期更是强迫农民粮食"出荷",以极为低廉的价格占有绝大部分粮食。加之时局动荡,黑龙江地区又匪患不断,在不稳定的社会秩序中,无法进行正常的农业生产,耕地面积缩减。日伪时期黑龙江地区的农业生产遭到了前所未有的破坏。

抗日战争胜利后,东北光复,黑龙江各族人民迎来了解放与新生,在

## 第二章 改革开放以来黑龙江省农业政策演变动因分析

中国共产党的领导下,以极高的热情投身于"建立巩固的东北根据地"中。在党的领导下,饱受压迫欺凌的农民获得了自己的土地。1948年3月,黑龙江地区彻底废除了农村封建土地制度,成为全国最早实现"耕者有其田"的地区之一。农民在政治上彻底翻了身,结束了几千年来被压迫、被奴役、被剥削的历史,到1949年黑龙江地区耕地面积为8546.5万亩(569.8万公顷)。

1949年10月新中国成立,随着社会主义制度在全中国的确立,黑龙江农业建设进入到快速发展的新时期。在党的领导下大量耕地被开垦,莽莽荒原北大荒,逐渐蜕变为重要的商品粮基地北大仓。从1949年开始到1954年人民政府组织农民开荒63万公顷,1954年较新中国成立初年增加了94.2万公顷耕地,其中旱田面积扩大90.3万公顷,水田面积扩大3.9万公顷。从1955年到1965年这十年是开荒大发展时期,中国人民解放军铁道兵等10万官兵,集体转业,建设北大荒,在荒原上建起了一大批机械化国营农场群。经过不断开荒,1965年黑龙江耕地面积达到730.4万公顷。1966年至1973年受到"文化大革命"的干扰,开荒受挫,但仍然开荒101.1万公顷。1974年,国家安排开荒专项投资,随着不断开荒,耕地面积逐年增长,到1977年耕地面积达到812.8万公顷,比之1949年本省耕地增加了243万公顷。从1949年到1977年这28年间,黑龙江省耕地面积在不同时期虽有波折但是不断在增长,其中旱田占绝大多数。(详见表2-2)

表2-2 黑龙江省耕地面积变化(1949—1977)(单位:万公顷)

| 序号 | 年份 | 年末实有耕地面积 | 旱田 | 水田 |
| --- | --- | --- | --- | --- |
| 1 | 1949 | 569.8 | 557.1 | 12.7 |
| 2 | 1950 | 606.2 | 592.9 | 13.3 |
| 3 | 1951 | 615.1 | 602.3 | 12.8 |

(续表)

| 序号 | 年份 | 年末实有耕地面积 | 旱田 | 水田 |
|---|---|---|---|---|
| 4 | 1952 | 648.6 | 635.1 | 13.5 |
| 5 | 1953 | 654.4 | 640.5 | 13.9 |
| 6 | 1954 | 664.0 | 647.4 | 16.6 |
| 7 | 1955 | 678.6 | 659.9 | 18.7 |
| 8 | 1956 | 736.6 | 706.2 | 30.4 |
| 9 | 1957 | 750.3 | 720.9 | 29.4 |
| 10 | 1958 | 752.7 | 716.9 | 35.8 |
| 11 | 1959 | 722.0 | 679.0 | 43.0 |
| 12 | 1960 | 701.9 | 669.8 | 32.1 |
| 13 | 1961 | 692.9 | 670.3 | 22.6 |
| 14 | 1962 | 676.1 | 661.2 | 14.9 |
| 15 | 1963 | 678.8 | 664.6 | 14.2 |
| 16 | 1964 | 697.3 | 680.7 | 16.6 |
| 17 | 1965 | 730.4 | 713.7 | 16.7 |
| 18 | 1966 | 741.0 | 724.5 | 16.5 |
| 19 | 1967 | 749.0 | 732.6 | 16.4 |
| 20 | 1968 | 732.7 | 716.2 | 16.5 |
| 21 | 1969 | 757.2 | 740.1 | 17.1 |
| 22 | 1970 | 770.9 | 755.4 | 15.5 |
| 23 | 1971 | 778.0 | 761.4 | 16.6 |
| 24 | 1972 | 776.8 | 759.8 | 17.0 |
| 25 | 1973 | 790.4 | 775.0 | 15.4 |
| 26 | 1974 | 795.1 | 778.6 | 16.5 |
| 27 | 1975 | 804.1 | 784.3 | 19.8 |
| 28 | 1976 | 812.8 | 787.8 | 25.0 |
| 29 | 1977 | 820.6 | 797.2 | 23.4 |

数据来源：根据《黑龙江统计年鉴》《黑龙江省志》数据整理。

经过历史上长时间缓慢垦殖开发和新中国成立以来对于黑龙江地区的全面规划开发，改革开放初期的黑龙江省耕地面积为845.8万公顷。随着农业改革的进行，黑龙江地区农业经济快速恢复发展，按照国家整体规划，发挥黑龙江地区农业优势，农业建设速度较快。综合来讲，自1978年至2019年，黑龙江地区耕地面积虽有波动，但整体呈现上涨趋势（见图2-1），到2019年，黑龙江省耕地面积1719.5万公顷，占全国耕地面积的13.4%，居全国首位。2021年第三次全国国土调查数据结果显示，2021年黑龙江耕地总面积为1719.3万公顷，约占全国耕地总面积的13%，耕地总量稳居全国第一。

(单位：千公顷)

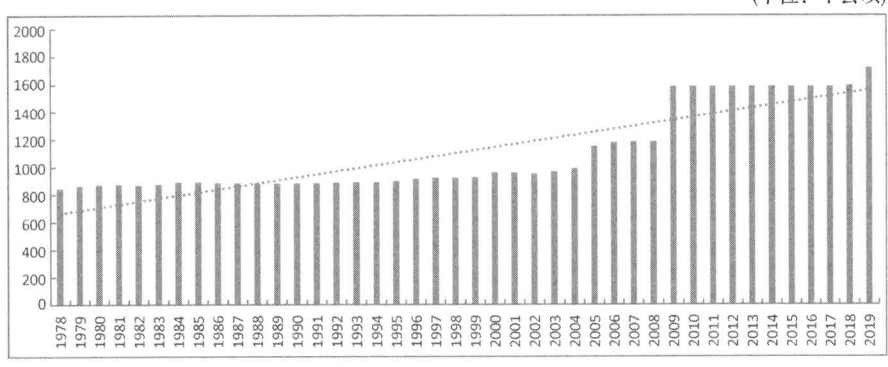

图2-1　黑龙江省耕地面积变化（1978—2019年）

数据来源：根据国家统计局、黑龙江省自然资源厅、《黑龙江省统计年鉴》《黑龙江省志》数据整理。

二是土质肥沃，有益于种植业发展。中国幅员辽阔，各省自然条件迥异，土壤资源十分丰富。黑龙江省土壤肥力高，开垦为耕地后质量好。（见表2-3）

表 2-3 黑龙江省土壤类型分布

| 土纲 | 土类 | 亚类 | 分布 |
|---|---|---|---|
| 半淋溶土 | 黑土 | 典型黑土 | 黑龙江省黑土面积482.48万公顷；哈尔滨至北安铁路沿线的两侧、嫩江中游地区、小兴安岭和长白山两侧，北界直到黑龙江右岸，南界由黑龙江省的双城、五常一带延伸到吉林省梨树、伊通。嫩江县、五大连池市、北安市、克山县、依安县、克东县、拜泉县、海伦市、绥棱县、明水县、兰西县、庆安县、望奎县、青冈县、绥化市、巴彦县、呼兰县、哈尔滨市、宾县、阿城市、五常市、双城市等 |
| | | 草甸黑土 | |
| | | 白浆化黑土 | |
| | | 表潜黑土 | |
| 钙层土 | 黑钙土 | 典型黑钙土 | 黑龙江省黑钙土面积232.18万公顷，西起甘南和龙江县，北至乌裕尔河，东到呼兰河东岸、海伦市的西南部和望奎县的西部，南至双城和五常，主要分布在肇东、肇州、肇源、安达、明水、大庆、杜尔伯特蒙古族自治县、林甸、龙江、拜泉、依安、讷河等市县；在松花江丘陵、阶地等地也有零星分布。 |
| | | 淋溶黑钙土 | |
| | | 石灰性黑钙土 | |
| | | 草甸黑钙土 | |
| 淋溶土 | 暗棕壤 | 典型暗棕壤 | 黑龙江省暗棕壤面积1594.94万公顷；分布在小兴安岭、完达山、长白山、大兴安岭东坡、伊春、佳木斯、牡丹江林区等地区，其中以伊春和牡丹江两市为主。 |
| | | 白浆化暗棕壤 | |
| | | 草甸暗棕壤 | |
| | | 潜育暗棕壤 | |
| | | 灰化暗棕壤 | |
| | | 暗棕壤性土 | |
| 淋溶土 | 棕壤 | 典型棕壤 | |
| | | 潮棕壤 | |

(续表)

| 土纲 | 土类 | 亚类 | 分布 |
|---|---|---|---|
| 半水成土 | 草甸土 | 典型草甸土 | 黑龙江省草甸土面积802.49万公顷；黑龙江省各市均有分布，其中齐齐哈尔、佳木斯、绥化三市分布面积均在100万公顷以上。 |
| | | 石灰性草甸土 | |
| | | 白浆化草甸土 | |
| | | 潜育育草甸土 | |
| | | 盐化草甸土 | |
| | | 碱化草甸土 | |
| 淋溶土 | 白浆土 | 典型白浆土 | 黑龙江白浆土面积331.37万公顷黑龙江省三江平原和东部山区的白浆土，占全省白浆土总面积的86%。 |
| | | 草甸白浆土 | |
| | | 潜育白浆土 | |

黑龙江土壤分类随着国内学科研究发展不断地演进。在新中国成立前国外学者对黑龙江部分地区进行调研作了初步分类。按照中国土壤系统分类，黑龙江省可划分为9个土系，分别是有机土、人为土、火山灰土、盐成土、浅育土、均腐土、淋溶土、雏形土、新成土。

黑龙江省土壤种类多，主要包括黑土、黑钙土、草甸土、草甸土、新积土、水稻土、暗棕壤、白浆土、盐渍土、栗钙土、风沙土。

其中黑土就是黑土层厚度超过一犁深，黑土土质疏松且有机质高，适宜于耕种。省内分布广袤的黑土，世界上有四大黑土，第一大片在乌克兰和俄罗斯大平原，第二大片在北美洲的密西西比河流域，第三大片在南美洲的潘帕斯大草原，第四片在我国的东北地区。① 东北地区的黑土主要分布在黑龙江省，面积占东北地区总黑土的三分之一左右，其中已经耕种的黑土地占东北地区耕地的三分之一左右。

黑龙江省黑土耕地面积1.56亿亩，占东北典型黑土区耕地面积的

---

① 翟瑞常、辛刚、张之一：《中国土系志·黑龙江卷》，科学出版社2020年版，第3页。

56.1%。黑土养分比较丰富，全氮含量在 0.1%—0.35%，全磷含量在 0.05%—0.39%之间，其氮磷养分的分布，与有机质大体一致，表层含量高，向下层逐渐减低。耕地受开垦时间与施肥耕作管理水平的影响而有不同，但是，仍有北部地区黑土的氮磷养分含量，高于南部地区黑土的趋势。全钾的含量较高，在 1.28%—2.40%之间，沿剖面分布，类型和地区之间的差异不大。碳氮比率一般在 8%—14%之间，表层的有机质含量高，碳氮比率大于 10，向下层碳氮比率逐渐降低到 10 以下。黑土质地偏黏，有机质多，所以，交换量比较高，为保肥力强的土壤；交换性盐基，以钙、镁为主，其饱和度一般为 91%—96%，表层高，底层地。总体上，黑土化学性质南北差异较大，大体上黑土养分由北向南逐渐递减的趋势，其中养分含量最高的为北安、五大连池地区，其次由北向南逐渐减少。

**2. 适宜农业发展的气候条件**

黑龙江省地处北半球中纬度地点，大部分位于中温带，少部分如大兴安岭地区的呼玛县与漠河县位于寒温带。黑龙江省气候上具有温带大陆性气候的基本特征，一年中四季分明，冬季寒冷漫长，夏季较短温湿，降雨主要集中在夏季，降水充沛，光照充足，具备适宜农作物生长的气候条件。

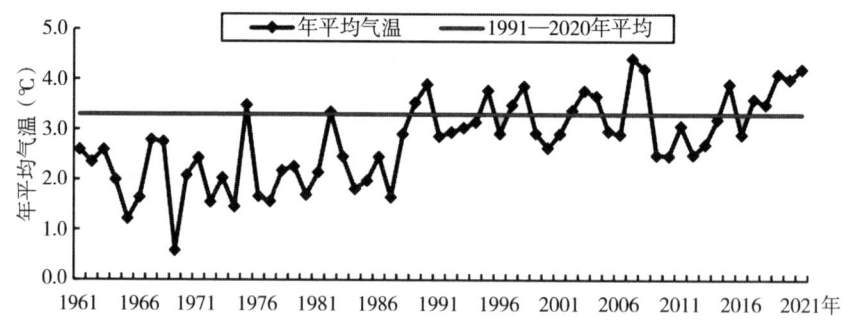

图 2-2　1961—2021 年黑龙江省年平均气温变化图（℃）

资料来源：黑龙江省气象局 2021 年《黑龙江省气候公报》。

一是温度条件。黑龙江省是全国气温最低的省份,自1961年到2021年黑龙江省年平均气温在-5℃—5℃之间,2021年黑龙江省年均气温达到了4.2℃,为1961年以来历年来第三高。

黑龙江省冬季气温为全国最低地区,图2-3所示2021年度黑龙江省冬季(2020年12月—2021年2月)平均气温为-17.5℃,省内中部和西北部的部分地区气温较常年同期偏低1℃—2℃,其中漠河最低温度达到-46.2℃,突破近二十年极值。省内春季(2021年3—5月)平均气温为6.3℃。夏季(2021年6—8月)平均气温为21.5℃,夏季高温持续期较短,月平均气温能达到20℃以上地区,北部地区主要集中在7月,南部地区在七八月份。秋季(2021年9—11月)平均气温为5.1℃。

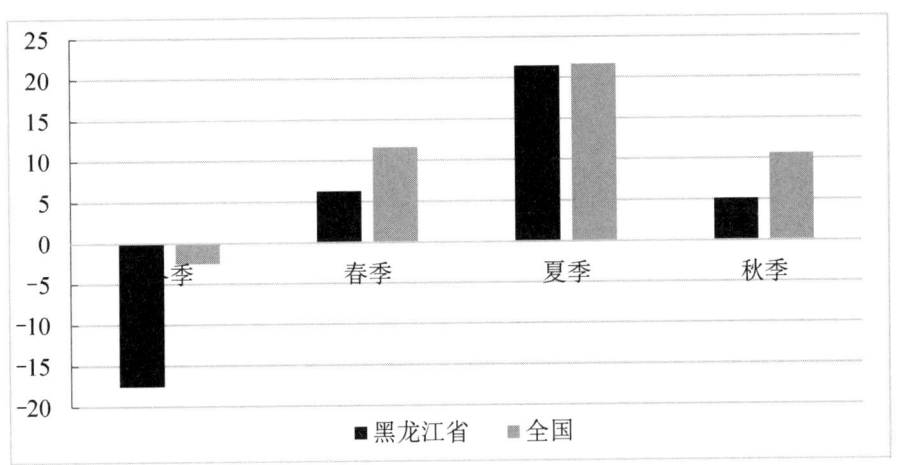

图2-3 2021年黑龙江省各季平均温度与全国年均温度对比图

资料来源:根据黑龙江省气象局2021年《黑龙江省气候公报》、中国气象局2021年《中国气候公报》整理。

省内气温随着纬度增高不断降低,同时亦受到地形地貌的影响,热量表现为由南向北,由平原向山区递减(见表2-4)。东北南部地区冬季约有5个月,最北部甚至可达到6个月左右。夏季气温较高,省内南北地区温差不大。7月份为各地温度最高月份,除长白山主峰附近及大兴安岭北部岭脊地区受地形影响温度在20℃以下,其余地区皆可达到20℃以上。但

表 2-4　黑龙江主要城市各月平均气温（℃）

| 城市\月份 | 1 | 2 | 3 | 4 | 5 | 6 | 7 | 8 | 9 | 10 | 11 | 12 | 全年 | 备注 |
|---|---|---|---|---|---|---|---|---|---|---|---|---|---|---|
| 哈尔滨 | -18.0 | -13.0 | -2.5 | 7.8 | 15.8 | 21.4 | 24.2 | 22.0 | 16.0 | 7.0 | -4.3 | -15.2 | 5.1 | 2010—2021年11年平均 |
| 齐齐哈尔 | -18.1 | -13.7 | -3.3 | 7.4 | 15.6 | 21.4 | 24.2 | 21.7 | 15.4 | 6.1 | -5.7 | -16.1 | 4.5 | 2010—2020年10年平均 |
| 北林 | -18.8 | -14.0 | -3.7 | 7.0 | 15.2 | 21.0 | 23.4 | 21.3 | 15.1 | 5.8 | -5.8 | -16.5 | 4.2 | 2010—2020年10年平均 |
| 大庆 | -16.6 | -12.2 | -2.3 | 7.9 | 15.8 | 21.6 | 24.4 | 22.1 | 16.0 | 6.8 | -4.5 | -14.7 | 5.3 | 2010—2020年10年平均 |
| 加格达奇 | -22.0 | -18.3 | -7.5 | 3.5 | 11.8 | 17.6 | 20.4 | 17.6 | 10.7 | 1.0 | -11.7 | -20.7 | 0.4 | 2010—2020年10年平均 |
| 爱辉 | -21.5 | -17.7 | -6.8 | 4.6 | 13.2 | 19.2 | 22.0 | 19.5 | 12.7 | 2.7 | -10.0 | -20.2 | 1.5 | 2010—2020年10年平均 |
| 伊春 | -20.9 | -16.2 | -5.4 | 4.9 | 13.0 | 18.1 | 21.4 | 19.3 | 12.9 | 2.8 | -9.0 | -18.8 | 2.0 | 2010—2020年10年平均 |
| 佳木斯 | -18.3 | -14.0 | -3.5 | 6.7 | 14.7 | 19.9 | 23.0 | 21.0 | 14.7 | 5.7 | -5.6 | -16.2 | 4.0 | 2010—2020年10年平均 |

# 第二章 改革开放以来黑龙江省农业政策演变动因分析

(续表)

| 城市\月份 | 1 | 2 | 3 | 4 | 5 | 6 | 7 | 8 | 9 | 10 | 11 | 12 | 全年 | 备注 |
|---|---|---|---|---|---|---|---|---|---|---|---|---|---|---|
| 鸡西 | -15.6 | -11.8 | -2.6 | 6.5 | 14.4 | 19.4 | 22.6 | 21.0 | 15.2 | 6.4 | -4.3 | -13.9 | 4.8 | 2010—2020年10年平均 |
| 牡丹江 | -16.3 | -11.9 | -2.4 | 6.8 | 14.7 | 19.7 | 22.9 | 21.3 | 15.1 | 6.3 | -4.2 | -14.2 | 4.8 | 2010—2020年10年平均 |
| 鹤岗 | -18.3 | -14.7 | -4.8 | 5.0 | 13.2 | 18.4 | 21.8 | 20.1 | 13.8 | 4.8 | -7.1 | -17.0 | 2.9 | 2010—2020年10年平均 |
| 双鸭山 | -15.9 | -11.8 | -2.4 | 7.0 | 14.8 | 19.9 | 23.4 | 21.5 | 15.7 | 7.0 | -4.4 | -14.3 | 5.0 | 2010—2020年10年平均 |
| 七台河 | -17.0 | -12.6 | -3.0 | 6.3 | 14.3 | 19.3 | 22.6 | 21.0 | 15.1 | 6.2 | -4.7 | -15.2 | 4.4 | 2010—2020年10年平均 |

资料来源：根据黑龙江省气象局2021年《黑龙江气候公报》、黑龙江省统计局数据整理。

是月平均气温北部地区只在 7 月能达到 20℃以上，南部地区七八月份月平均气温均能达到 20℃以上，高温持续期相对较短。北部寒冷南部较温暖的气候特征影响着黑龙江农业的开发，南部地区农业开发早于北部地区。随着科技发展，在高寒地区发展农业的难题被不断攻克，北部地区的农业也随之不断发展。

在全球气候变暖的大势下，黑龙江省的气温自 1961 年来也发生明显变化，由图 2-2 自 1961—2021 年黑龙江省年平均气温的变化曲线可见，省内气温逐年变暖，对于农业生产有着重要影响。以黑龙江省省会城市哈尔滨为例（见表 2-5），近三十年来的气温变化呈上升趋势。作物生长季温度表现出明显上升的趋势，热量的增加，黑龙江省六大积温带也发生着改变，呈现为向北移动、向东扩张、向南伸展的趋势。

二是降水条件。黑龙江省年平均降水量在 400—800 毫米（图 2-4），61 年间降水量最多的年份为 2020 年，平均年降水量 755.2 毫米，比常年偏多 43%，2020 年全国平均年降水量为 694.8 毫米。降水量年与年间的变化较大，一般最多年降水量是最少年降水量的 2—3 倍。本省降水量由东向西递减。受到地形地貌影响，山地降水多余于平原，迎风坡降水量多于背风坡。2021 年黑龙江省平均年降水量 608.5 毫米，讷河、北安、庆安年降水量超过了 800 毫米。

黑龙江省降水量年内分布极不均匀（表 2-6），季节之间的降水分配差

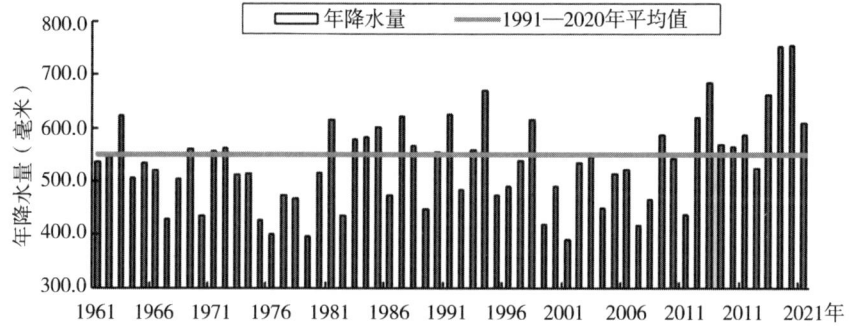

图 2-4　1961—2021 年黑龙江省年平均降水量历年变化图（毫米）

资料来源：黑龙江省气象局 2021 年《黑龙江省气候公报》。

## 第二章 改革开放以来黑龙江省农业政策演变动因分析

表 2-5 1992—2021 年哈尔滨各月平均气温（℃）

| 年度月份 | 1 | 2 | 3 | 4 | 5 | 6 | 7 | 8 | 9 | 10 | 11 | 12 | 年平均 |
|---|---|---|---|---|---|---|---|---|---|---|---|---|---|
| 2021 | -19.1 | -13.3 | -0.3 | 8.5 | 15.8 | 20.6 | 26.0 | 21.0 | 16.3 | 7.6 | -3.6 | -13.0 | 5.5 |
| 2020 | -16.9 | -11.4 | -1.1 | 7.5 | 15.6 | 19.9 | 24.4 | 21.7 | 16.3 | 7.2 | -3.3 | -15.2 | 5.4 |
| 2019 | -13.3 | -9.3 | 0.1 | 8.5 | 15.5 | 19.8 | 23.7 | 20.7 | 16.4 | 8.3 | -4.9 | -15.6 | 5.9 |
| 2018 | -19.5 | -16.3 | -3.7 | 9.0 | 16.6 | 21.2 | 24.9 | 21.4 | 15.3 | 7.8 | -2.8 | -13.0 | 5.1 |
| 2017 | -16.6 | -11.0 | -1.7 | 9.1 | 16.6 | 19.9 | 24.7 | 22.1 | 17.0 | 6.2 | -5.7 | -17.1 | 5.0 |
| 2016 | -19.4 | -11.8 | 0.1 | 8.0 | 16.0 | 20.1 | 24.3 | 22.8 | 16.2 | 7.2 | -4.9 | -13.3 | 5.6 |
| 2015 | -15.8 | -11.3 | -1.3 | 8.6 | 14.2 | 22.1 | 23.6 | 21.9 | 15.5 | 6.4 | -1.9 | -14.0 | 5.1 |
| 2014 | -18.3 | -15.5 | -1.0 | 10.3 | 14.3 | 22.9 | 23.1 | 22.5 | 15.8 | 7.0 | -2.6 | -16.9 | 5.1 |
| 2013 | -21.1 | -16.4 | -7.4 | 4.4 | 17.9 | 21.4 | 23.9 | 21.8 | 16.4 | 6.4 | -5.2 | -14.0 | 4.3 |
| 2012 | -18.3 | -12.4 | -3.3 | 7.8 | 16.4 | 21.3 | 23.9 | 22.7 | 15.0 | 8.9 | -3.5 | -19.4 | 4.6 |
| 2011 | -20.9 | -11.6 | -3.1 | 7.6 | 14.8 | 21.6 | 24.5 | 22.0 | 16.5 | 6.4 | -3.6 | -14.1 | 5.2 |
| 2010 | -17.1 | -15.5 | -7.2 | 4.0 | 16.0 | 25.5 | 23.4 | 22.2 | 15.6 | 7.1 | -7.0 | -16.3 | 4.5 |
| 2009 | -16.0 | -11.5 | -3.9 | 9.7 | 18.4 | 18.9 | 22.6 | | | | | -16.7 | 5.0 |

| 年度月份 | 1 | 2 | 3 | 4 | 5 | 6 | 7 | 8 | 9 | 10 | 11 | 12 | 年平均 |
|---|---|---|---|---|---|---|---|---|---|---|---|---|---|
| 2008 | -17.6 | -10.5 | 2.7 | 11.3 | 14.4 | 22.5 | 24.4 | 23.2 | 16.4 | 8.4 | -4.4 | -11.6 | 6.6 |
| 2007 | -11.5 | -7.0 | -3.3 | 7.1 | 14.9 | 23.7 | 23.3 | 22.7 | 16.7 | 7.5 | -3.8 | -10.6 | 6.6 |
| 2006 | -17.7 | -12.7 | -2.8 | 5.9 | 17.1 | 19.9 | 23.4 | 23.1 | 16.2 | 7.4 | -4.5 | -12.1 | 5.3 |
| 2005 | -16.4 | -16.7 | -4.0 | 7.7 | 14.4 | 21.8 | 22.8 | 22.3 | 16.3 | 7.7 | -2.3 | -16.7 | 4.7 |
| 2004 | -16.0 | -10.7 | -2.0 | 7.8 | 15.6 | 23.4 | 22.8 | 21.7 | 16.6 | 8.7 | -1.6 | -16.0 | 5.9 |
| 2003 | -15.6 | -8.9 | 0.2 | 10.0 | 16.7 | 21.3 | 22.2 | 20.9 | 16.0 | 7.4 | -5.2 | -13.0 | 6.0 |
| 2002 | -14.2 | -7.8 | 1.1 | 8.8 | 17.4 | 19.8 | 23.6 | 20.2 | 16.6 | 4.2 | -9.0 | -14.9 | 5.5 |
| 2001 | -22.8 | -16.5 | -4.4 | 8.6 | 16.5 | 22.8 | 24.6 | 21.7 | 15.8 | 8.3 | -2.4 | -14.0 | 4.9 |
| 2000 | -20.0 | -14.4 | -2.3 | 7.1 | 16.2 | 23.5 | 24.9 | 23.2 | 17.0 | 5.9 | -7.3 | -18.4 | 4.6 |
| 1999 | -14.4 | -10.4 | -6.7 | 7.2 | 13.6 | 20.0 | 25.2 | 21.1 | 15.3 | 5.2 | -3.9 | -13.6 | 4.9 |
| 1998 | -18.8 | -7.9 | 0.2 | 12.4 | 17.3 | 20.9 | 23.7 | 21.3 | 16.3 | 8.9 | -8.5 | -12.6 | 6.1 |
| 1997 | -17.6 | -10.1 | -2.2 | 8.9 | 14.7 | 22.2 | 25.1 | 22.0 | 14.3 | 3.9 | -2.5 | -10.8 | 5.7 |
| 1996 | -15.3 | -10.3 | -2.3 | 7.8 | 17.2 | 21.4 | 23.0 | 21.0 | 14.1 | 5.0 | -6.6 | -14.6 | 5.0 |
| 1995 | -15.1 | -10.7 | -2.5 | 6.1 | 12.9 | 21.7 | 22.8 | 21.1 | 14.9 | 7.7 | -3.3 | -12.2 | 5.4 |

第二章　改革开放以来黑龙江省农业政策演变动因分析

(续表)

| 年度月份 | 1 | 2 | 3 | 4 | 5 | 6 | 7 | 8 | 9 | 10 | 11 | 12 | 年平均 |
|---|---|---|---|---|---|---|---|---|---|---|---|---|---|
| 1994 | -20.5 | -13.5 | -4.7 | 8.7 | 14.3 | 22.3 | 24.1 | 22.0 | 15.5 | 6.6 | -2.4 | -15.9 | 4.7 |
| 1993 | -18.6 | -10.9 | -0.9 | 6.3 | 15.4 | 18.5 | 22.7 | 20.0 | 14.9 | 5.8 | -5.8 | -14.8 | 4.4 |
| 1992 | -15.9 | -12.1 | -1.7 | 7.1 | 14.5 | 18.2 | 23.2 | 20.6 | 13.3 | 6.4 | -6.7 | -15.6 | 4.8 |

资料来源：根据黑龙江省气象局2021年《黑龙江省气候公报》、黑龙江省统计局《中国气象年鉴（1992—2020年）》数据整理。

表 2-6　黑龙江省主要城市各月平均降水量（毫米）

| 城市 月份 | 1 | 2 | 3 | 4 | 5 | 6 | 7 | 8 | 9 | 10 | 11 | 12 | 年平均 | 备注 |
|---|---|---|---|---|---|---|---|---|---|---|---|---|---|---|
| 哈尔滨 | 4.1 | 4.5 | 12.1 | 18.5 | 53.7 | 99.8 | 136.8 | 112.9 | 52.3 | 23.6 | 14.3 | 7.6 | 536.9 | 27年平均 |
| 齐齐哈尔 | 2.4 | 2.8 | 6.6 | 19.0 | 33.6 | 78.1 | 136.5 | 95.4 | 44.9 | 17.2 | 5.3 | 5.3 | 443.6 | 27年平均 |
| 北林 | 2.8 | 7.9 | 13.4 | 19.2 | 68.9 | 103.9 | 158.0 | 156.0 | 66.9 | 25.0 | 16.9 | 10.2 | 649.9 | 27年平均 |
| 大庆 | 2.4 | 2.4 | 7.9 | 19.5 | 39.8 | 81.5 | 140.8 | 99.7 | 40.3 | 19.0 | 5.8 | 4.4 | 463.4 | 11年平均 |
| 加格达奇 | 4.7 | 4.0 | 7.0 | 21.1 | 52.0 | 86.7 | 143.9 | 109.9 | 60.8 | 19.8 | 10.5 | 6.4 | 526.4 | 27年平均 |
| 爱辉 | 3.3 | 7.1 | 4.9 | 18.3 | 63.0 | 97.6 | 150.1 | 116.5 | 80.5 | 29.8 | 13.2 | 16.3 | 591.6 | 11年平均 |
| 伊春 | 6.3 | 6.5 | 15.9 | 27.2 | 60.4 | 122.9 | 162.0 | 140.1 | 69.7 | 30.0 | 15.2 | 11.1 | 667.3 | 27年平均 |
| 佳木斯 | 6.7 | 6.2 | 15.6 | 25.1 | 62.3 | 86.0 | 112.7 | 126.4 | 65.0 | 32.3 | 19.8 | 12.1 | 582.6 | 27年平均 |
| 鸡西 | 6.7 | 4.5 | 12.9 | 23.1 | 65.3 | 88.2 | 109.1 | 124.7 | 54.2 | 29.3 | 16.5 | 9.2 | 543.4 | 27年平均 |
| 牡丹江 | 7.2 | 5.5 | 15.8 | 27.0 | 67.6 | 82.7 | 123.8 | 120.6 | 58.9 | 31.7 | 20.6 | 8.1 | 569.1 | 27年平均 |
| 鹤岗 | 5.1 | 5.8 | 16.4 | 28.9 | 78.1 | 112.5 | 152.0 | 155.4 | 67.6 | 32.4 | 14.2 | 9.3 | 674.1 | 27年平均 |
| 双鸭山 | 8.7 | 5.6 | 18.8 | 29.8 | 61.6 | 77.1 | 125.9 | 120.8 | 61.1 | 33.3 | 19.4 | 12.6 | 574.6 | 27年平均 |
| 七台河 | 7.5 | 5.0 | 14.8 | 28.6 | 65.1 | 87.3 | 129.3 | 119.7 | 56.5 | 33.0 | 19.1 | 10.6 | 576.4 | 27年平均 |

资料来源：根据《黑龙江省统计年鉴（1994—2021年）》《中国气象年鉴（1992—2020年）》数据整理。

距较大，夏季受东南风影响，降雨较多。降水主要集中在6—8月份，占全年总降水量的50%—70%；冬季降水较少，1—2月份降水最少，占全年降水总量的2%上下浮动。在少数年份极端气候影响下，该年1—2月的降水量激增到占全年总降水量的7%。

夏季正处于农作物生长旺季，这一时期雨量充沛有利于农作物生长发育。因此黑龙江省降水对于农作物生长十分有利。全年丰沛的降水为作物生长提供了充足的水分补给，对于农业生产的顺利进行和粮食的丰收丰产具有重要的保证意义。

三是日照条件。黑龙江省年日照时数在2300—2900小时之间（详见表2-7）。黑龙江位于北半球中纬度地带，日照时数年内变化呈现为，夏季时间较长日照多，冬季时间较短日照少。夏季的七月份为全年日照时数最多的月份，日照做为重要的气候指标之一，对于农作物的生长发育影响十分明显。充足的光照与夏季充沛的降水，为农作物的成长提供了优渥的气候环境。

表2-7 黑龙江省主要城市各月平均日照时数（小时）

| 城市季节 | 春季 | 夏季 | 秋季 | 冬季 | 年平均 | 备注 |
| --- | --- | --- | --- | --- | --- | --- |
| 哈尔滨 | 667.7 | 683.8 | 567.1 | 424.5 | 2336.5 | 30年平均 |
| 齐齐哈尔 | 789.8 | 794.7 | 662.4 | 587.0 | 2831.6 | 27年平均 |
| 北林 | 700.0 | 662.8 | 545.1 | 486.5 | 2397.8 | 11年平均 |
| 大庆 | 705.7 | 664.3 | 592.7 | 545.1 | 2502.5 | 27年平均 |
| 加格达奇 | 773.6 | 747.0 | 604.5 | 564.5 | 2688.9 | 21年平均 |
| 伊春 | 691.1 | 651.7 | 525.6 | 475.6 | 2343.4 | 27年平均 |
| 佳木斯 | 676.9 | 765.3 | 575.2 | 539.3 | 2451.8 | 27年平均 |
| 鸡西 | 687.5 | 699.2 | 611.7 | 540.0 | 2528.4 | 27年平均 |
| 牡丹江 | 636.0 | 621.5 | 551.5 | 484.1 | 2291.9 | 27年平均 |

(续表)

| 城市季节 | 春季 | 夏季 | 秋季 | 冬季 | 年平均 | 备注 |
|---|---|---|---|---|---|---|
| 鹤岗 | 667.9 | 590.5 | 555.0 | 515.5 | 2335.7 | 27年平均 |
| 双鸭山 | 745.8 | 720.1 | 584.3 | 523.9 | 2581.9 | 27年平均 |
| 七台河 | 607.0 | 648.2 | 515.8 | 427.4 | 2199.5 | 21年平均 |

资料来源：根据《黑龙江省统计年鉴》1994—2021年数据整理。

### (三) 水资源充沛

一是水资源总量。由图 2-5 可以看出自 1996 年到 2020 年间黑龙江省水资源总量变化幅度较大。25 年来黑龙江省的水资源总量平均值为 829 亿立方米。与常年平均值相比较，2019 年黑龙江省水资源总量为 1511.4 亿立方米，达到该时期的最高峰值。2007 年水资源总量为 491.8 亿立方米，处于该时期最低值。2020 年黑龙江水资源总量为 1419.9 亿立方米，人均水资源量为 4419.2 立方米。

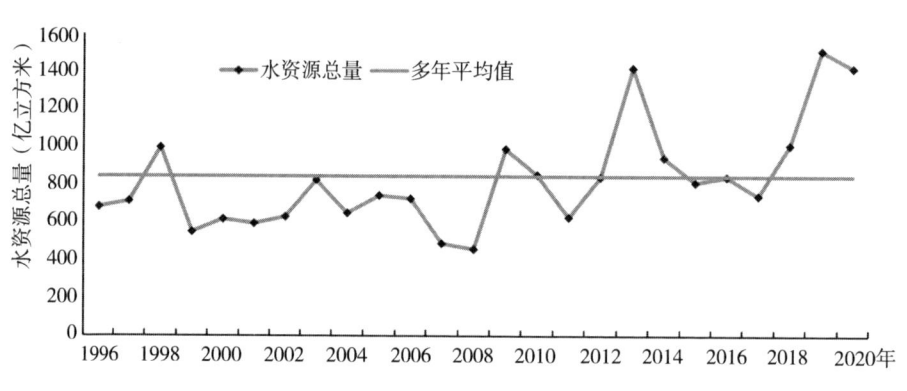

图 2-5　1996—2020 年黑龙江省水资源变化图（亿立方米）

资料来源：根据《黑龙江省统计年鉴》1997—2021 年数据整理。

二是境内河流、湖泊。黑龙江省境内河流较多，河流概况如表 2-8 所示，本省水系发达，主要有以松花江、黑龙江、乌苏里江、绥芬河为主干的四大水系。除此以外有镜泊湖、兴凯湖、五大连池与连环湖四大湖泊为主的正常水面面积在 0.1 平方公里以上的湖泊 640 个；水面面积 1 平方公里的湖泊 253 个，水面面积共计 3036.9 平方公里。

表 2-8 黑龙江省河流概况

| 指标 | 河流数量 | 总长度 |
| --- | --- | --- |
| 流域面积 50 公顷以上 | 2881 条 | 9.21 万公里 |
| 流域面积 100 公顷及以上 | 119 | 2.4 万公里 |
| 流域面积 10000 公顷及以上 | 21 | 1.03 万公里 |

资料来源：黑龙江省水利厅官网。

三是地表水和地下水资源。由 2000—2020 年全国水资源情况表（表 2-10）所示，地表水资源量平均值 705.5 亿立方米，地下水资源量平均值为 295.3。

表 2-10  2000—2020 年黑龙江地表水与地下水资源情况表（亿立方米）

| 年份指标 | 地表水资源量 | 地下水资源量 | 地表水与地下水资源重复量 |
| --- | --- | --- | --- |
| 2000 | 479.2 | 267.7 | 127.1 |
| 2001 | 464.8 | 245.6 | 113.6 |
| 2002 | 467.3 | 269.9 | 104.5 |
| 2003 | 694.1 | 291.7 | 159.0 |
| 2004 | 530.6 | 273.7 | 152.2 |
| 2005 | 612.0 | 288.8 | 156.5 |
| 2006 | 602.2 | 279.2 | 153.6 |
| 2007 | 374.1 | 232.8 | 115.0 |
| 2008 | 341.9 | 247.8 | 127.7 |
| 2009 | 845.6 | 313.4 | 169.4 |

(续表)

| 年份指标 | 地表水资源量 | 地下水资源量 | 地表水与地下水资源重复量 |
|---|---|---|---|
| 2010 | 725.2 | 277.9 | 149.6 |
| 2011 | 512.5 | 237.2 | 120.3 |
| 2012 | 695.7 | 289.8 | 144.1 |
| 2013 | 1253.3 | 381.5 | 215.2 |
| 2014 | 814.4 | 295.4 | 165.5 |
| 2015 | 686.0 | 283.0 | 154.9 |
| 2016 | 720.0 | 285.9 | 162.2 |
| 2017 | 626.5 | 273.2 | 157.2 |
| 2018 | 842.2 | 347.5 | 178.3 |
| 2019 | 1305.7 | 413.6 | 207.8 |
| 2020 | 1221.4 | 406.5 | 208.0 |

资料来源：根据《中国统计年鉴》（2001—2021年）、《黑龙江统计年鉴》（1991—2021）整理。

改革开放以来，黑龙江省委、省政府坚持解放思想，实事求是，充分尊重发挥农民的主力作用和首创精神，带领广大农民群众积极推进一系列农业改革，不断创新农业发展方式，充分调动农民的生产积极性，极大地解放和发展了农村生产力，走出了一条具有黑龙江特色的现代化大农业发展道路。40多年来，黑土地上发生了翻天覆地的变化，农业综合生产能力显著提升，农业可持续发展基础日益巩固，农业发展质量不断增强，黑龙江省粮食产量十几年来始终保持国内首位，坚决当好维护国家粮食安全的"压舱石"，成为可靠稳定的大粮仓，捧好中国饭碗，争当全国农业现代化建设的排头兵。

## 三、改革开放以来黑龙江省农业发展的历程

黑龙江省农业生产,受到"以粮为纲"的单一经营思想影响,农业资源没有得到充分开发利用;加之生产经营上实行"大锅饭"和"大帮轰",农业生产力发展在一定程度上受到了束缚,农民的生产积极性未得到充分发挥。1978年以来,黑龙江省着力解决农业生产关系不适应生产力发展的深层矛盾,坚持现代化农业发展方向,逐步将农业农村改革引向深入。改革开放40多年来,全省农业改革发展历程大体可分为五个时期:

### (一)第一阶段:改革突破时期(1978—1984年)

1978年党的十一届三中全会,通过了《中共中央关于发展农业若干问题的决定(草案)》,经过试行和修改,于1979年中共十一届四中全会正式通过。随后中共中央印发了一系列农业改革方面的重要文件。为了全面贯彻落实中央制定的方针、政策,中共黑龙江省委、省人民政府从本省实际情况出发,改革农村经济体制,落实农村经济政策,调整农作物结构,使农业生产得到迅速发展。

**1. 实行家庭联产承包责任制**

农业改革首先从改变农村的基本经营制度入手,在推行"包产到户"和"包干到户"等责任制形式的基础上,逐步形成家庭联产承包责任制制度。

1979年,黑龙江省对不合理的农村经济体制进行了初步改革。改革过去实行的"政社合一"的人民公社管理制度,遵照中共中央1979年1月发出的《关于加快农业发展若干问题的决定(草案)》,在黑龙江全省范围内开展广泛多种形式的生产责任制,到了1979年年底,本省农村多数社队实行"小段包工、联质计酬"的生产责任制。

1980年召开的各省、市、自治区党委第一书记座谈会强调指出，集体经济是我国农业向现代化前进的不可动摇的基础。当前应当把改善经营管理，贯彻按劳分配，加强和完善生产责任制，作为进一步巩固集体经济、发展农业生产的中心环节，下苦功夫，抓紧抓好。要求把生产责任制加以完善和提高。这一年，黑龙江全省农村普遍实行了专业队、专业场、专业组、专业户联产计酬责任制。

1981年，省委、省政府印发《全省农业生产责任制座谈会纪要》，《纪要》中强调全省的农业生产责任制要继续发展和完善，总的指导思想是：必须坚持社会主义集体化道路和土地等基本生产资料公有制长期不变，实行农业生产责任制长期不变，对中央三年来关于农村的各项经济政策，必须结合实际情况贯彻执行，把发挥集体经济的优越性和调动社员的生产积极性紧密结合起来。随后，全省"统一经营、专业承包"的责任制形式得到了进一步发展。

1982年4月11日，《黑龙江日报》报道显示，到当前为止，黑龙江省已有90%以上的生产队建立了各种不同形式的责任制。实行统一经营联产到劳生产责任制的队占一半以上，农机联产责任制有很大发展，责任制内容更加完善，注重推行合同制。1982年12月25日，省委书记杨易辰就农村生产责任制问题讲话指出，无论哪一种形式的联产承包责任制，只要是当地群众愿意实行的，我们都要有组织地实行。讲话精神受到了广大农村干部和社员群众的热烈欢迎，这个决策被称为"开闸放水"。此后全省农村家庭联产承包责任制迅速推广开来。这一年，全省农村实行联产承包责任制的队占生产队总数的71.8%。这一年虽然遭受特大灾害，粮食有所减产，但是多种经营增收，农业总产值达到九十五亿七千万元。

1983年，全省农村普遍推行家庭联产承包责任制。按照中共中央《关于当前农村经济政策的若干问题的通知》的要求，农村经济管理体制改革取得了突破性的进展。2月20日，《黑龙江日报》报道，目前黑龙江省全省实行联产承包制的生产队约占生产队总数的95%左右，其中大包干已经成为责任制的主要形式。1984年农村改革全面深入开展，农业生产责任制不断完善，中央提出土地承包期一般在15年以上。1984年12月22日，黑龙江省统计局公布：农村经济改革成果显著，全省实行联产承包的村屯占村屯总数的98.7%，专业村有1447个，占村屯总数的8.6%。

表2-11 黑龙江省粮豆薯作物产量统计表（单位：公斤、万吨）

| 序号 | 年度 | 亩产 | 总产量 |
| --- | --- | --- | --- |
| 1 | 1978 | 138.0 | 1477.5 |
| 2 | 1979 | 132.0 | 1462.5 |
| 3 | 1980 | 133.0 | 1462.5 |
| 4 | 1981 | 114.5 | 1250.0 |
| 5 | 1982 | 108.0 | 1150.0 |
| 6 | 1983 | 142.5 | 1549.0 |
| 7 | 1984 | 160.0 | 1757.5 |

数据来源：根据《黑龙江年鉴》《黑龙江省志》数据整理。

家庭联产承包责任制使农民在生产上有了自主权，充分调动了广大农民的生产积极性，极大地释放了农村生产力，推动农业发展恢复性增长。如表2-11所示，1983年，全省粮豆薯总产量达到1549万吨，突破150亿公斤大关，这是黑龙江粮食生产总量历史上第一次突破150亿公斤大关。1984年，全省粮豆薯总产量达到了1757.5万吨，均创历史最高水平[①]。

**2. 黑龙江垦区经济体制改革**

垦区作为一个约定俗成的概念，主要是指农垦国有农场范围内的社会经济区域。在《黑龙江垦区条例》的第二条中规定："本条例所称垦区，是指经省人民政府确定的国有土地使用权范围内，由省农垦总局实施管理

---

[①] 黑龙江省地方志编纂委员会编．《黑龙江省志·农业志》，黑龙江人民出版社1993年版，第153页。

的经济社会区域。"① 黑龙江垦区是我国最早创建的国有农场群，经过几十年建成了拥有全国耕地规模最大、现代化程度最高、综合生产能力最强的国有农场群。现有农牧场113个、耕地4458.1万亩，是我国重要商品粮生产基地。

党的十一届三中全会以来，全省国营农牧场，根据中央改革开放方针和农村人民公社改革经验，开始着手进行经济体制改革。初期主要从解决权力过分集中的管理体制着手，简政放权，实行所有权与经营权分离，扩大农场的经营自主权。

1979年，国家改变对农垦企业统收统支的财务管理体制，实行"独立核算，自负盈亏，亏损不补，利润用于发展生产，资金不足可以贷款"的财务包干政策，解决农场吃国家"大锅饭"问题，同时也扩大了企业经营自主权，调动了职工的积极性。

1980年，垦区恢复了"包、定、奖"生产责任制，即农场对生产队实行"两包三定一奖罚"即包产量、包利润，定人员、定设备、定规模，达标有奖、完不成任务有罚。为了弥补包定奖责任制的缺欠，激励职工的生产积极性，同时开始推行以"浮动工资和产量工资"为主要内容的联产承包责任制。

1982年，宁安农场借鉴农村改革经验，划小经营核算单位，实行"盈亏大包干，全奖全赔"承包经营责任制，一举扭亏为盈100万元。1983年，垦区推广宁安农场经验，生产承包到组、到户、到劳，实行大包干责任制，承包者生产经营自负盈亏，即"交够国家的，留足农场的，剩下都是自己的"，把职工利益同生产经营挂起钩来，明确了"责、权、利"三者关系。通过一系列改革，初步动摇了企业吃国家"大锅饭"、职工吃企业"大锅饭"局面，不同程度地调动了职工生产积极性，为深化农业经营

---

① 黑龙江省人民政府：黑龙江省垦区条例，2011年，https://www.hlj.gov.cn/n200/2011/0221/c75-10146305.html

## 第二章 改革开放以来黑龙江省农业政策演变动因分析

体制改革奠定了基础。

1984年1月,中共中央发出《关于一九八四年农村工作的通知》,指出"国营农场应继续进行改革,实行联产承包责任制,办好家庭农场"。为进一步落实中央文件精神,一些农场在承包责任制的基础上,开始试办家庭农场。

家庭农场是垦区特有的一种生产经营管理体制。它实行大农场(国营农场)套小农场(家庭农场)、统分结合、双层经营管理制度。家庭农场承包(租赁)的土地、山林、草原、水面等资源,不改变其国有性质,仍由大农场依法统一监管和支配,即所谓的统;而家庭农场对这些资源只有生产经营权,即所谓分。大农场与小农场之间,既是企业与职工构成管理与被管理的行政隶属关系,又是发包与承包的经济契约关系。通过土地承包把统与分结合起来,构成了双层经营模式。到1984年底,垦区试办4000多个家庭农场,为深化改革,进一步兴办家庭农场积累了经验。与此同时,在党的十一届三中全会精神指引下,垦区工作重点转向经济建设。20世纪80年代初,农垦总局创建第一个现代化农场——洪河农场,探索中国式现代化农场新路。

兴办家庭农场,摆脱了过去高度集中统一的经营方式,劳动力不再受到农场的统一支配和管理,他们可以在自己承包的土地上,在国家计划的指导下,进行自主的生产和经营,这充分调动了劳动者的积极性。通过表2-12可以看出,1978年到1984年间粮食产量总体保持在稳定水平,社会总产值除1981年受灾有所下降外,整体呈现上升态势。

表2-12 黑龙江垦区粮食作物产量与社会总产值(1978—1984年)

| 年份 | 粮食总产量(吨) | 谷物产量(吨) | 豆类产量(吨) | 社会总产值(万元) | 农业总产值(万元) | 工业总产值(万元) |
|---|---|---|---|---|---|---|
| 1978 | 2345727 | 1576444 | 750694 | 197852 | 99867 | 63151 |

(续表)

| 年份 | 粮食总产量（吨） | 谷物产量（吨） | 豆类产量（吨） | 社会总产值（万元） | 农业总产值（万元） | 工业总产值（万元） |
|---|---|---|---|---|---|---|
| 1979 | 2686098 | 2068585 | 605377 | 200484 | 106137 | 54341 |
| 1980 | 3248751 | 2476467 | 770838 | 233757 | 131934 | 55520 |
| 1981 | 1768858 | 1376864 | 391508 | 170977 | 76225 | 55016 |
| 1982 | 2348038 | 1342349 | 1005003 | 271718 | 167314 | 61877 |
| 1983 | 3310967 | 2506506 | 803931 | 318077 | 206394 | 69922 |
| 1984 | 2740114 | 1783774 | 956175 | 307102 | 188425 | 72671 |

资料来源：《开发建设北大荒》（下卷）。

## （二）第二阶段：市场化探索阶段（1985—1991年）

随着农村基本经营制度的全面确立，黑龙江农业改革进入到全面探索市场化改革的阶段，这一时期改革的重心放在改革农产品流通体制、培育农产品市场，调整农村产业结构和促进非农企业发展等重要方面。

1985年，国家对农产品的统派购制度进行全面改革，实现"双轨制"。4月1日，黑龙江省政府决定：即日起取消粮食统购，实行合同订购和市场收购办法。这一年全年农村社会总产值为147.5亿元，农业总产值为116.2亿元。

**表2-13 市场化探索阶段黑龙江省农业相关指标**

| 年份 | 农村社会总产值①（亿元） | 农业总产值（亿元） | 粮食总产量（万吨） | 造林面积（万亩） | 猪牛羊肉产量（万吨） | 水产品总量（万吨） |
|---|---|---|---|---|---|---|
| 1985 | 147.5 | 116.2 | 1400.0 | 735.7 | 31.5 | 6.6 |

① 农村社会总产值包括全部农业总产值，以及农村集体和个体的工业、建筑业、交通运输业和商业总产值。

(续表)

| 年份 | 农村社会总产值①（亿元） | 农业总产值（亿元） | 粮食总产量（万吨） | 造林面积（万亩） | 猪牛羊肉产量（万吨） | 水产品总量（万吨） |
|---|---|---|---|---|---|---|
| 1986 | 206.3 | 118.1 | 1776.3 | 592.8 | 33.1 | 8.4 |
| 1987 | 220.0 | 115.3 | 1737.6 | 415.7 | 32.1 | 10.1 |
| 1988 | 245.5 | 118.5 | 1751.0 | 357.5 | 32.0 | 12.2 |
| 1989 | 278.5 | 156.9 | 1668.9 | 299.4 | 40.1 | 13.9 |
| 1990 | 371.3 | 245.4 | 2312.5 | 301.7 |  | 14.8 |
| 1991 | 400.5 | 242.3 | 2164.3 | 303 | 55.2 | 16.4 |

资料来源：根据《黑龙江省国民经济和社会发展的统计公报（1985—1991）》数据整理。

1986年1月25日至29日省委召开全省农村工作会议。会议确定，1986年全省农村工作的总要求是：认真贯彻落实中央农村工作会议精神和党在农村的既定政策，巩固和消化现有改革成果，进一步完善流通体制，继续调整农村产业结构，加强农业基本建设，推进农业技术改造，放手发展商品经济，努力实现"一年受灾，一年恢复"的奋斗目标。这一年进一步提出，适当减少合同订购数量，扩大市场议价收购比重。这一年农村社会总产值为206.3亿元，农业总产值为118.1亿元。

1987年，全省农村认真贯彻落实省委提出的"在保证粮食稳定增长的基础上，实现农村社会总产值、农民人均收入和农产品商品率超过历史最好水平"的要求，继续深化改革，调整产业结构，农业生产在灾多、灾重的情况下仍获得了好收成。全省农村社会总产值达220亿元，比上年增长8.7%。

1988年1月4日到5日，省人民政府召开市长、专员会议，研究粮食

---

① 议转平即议价收购后转为平价供应。

收购问题。落实"议转平"① 收购任务和1988年合同定购工作等有关问题。2月2日至6日全省农业工作会议指出,进一步深化农村改革,理顺各项政策,调动农民的积极性;要加速农业技术改造的步伐,挖掘内涵潜力;要逐步实行集约化经营,优化农村产业结构,提高经济效益,形成并不断完善高产、稳产、优质、高效、低耗的农业生产技术体系。4月,黑龙江省以协议形式接受了国家第一个农业综合开发项目——三江平原综合开发,从此拉开了本省农业综合开发的序幕。这一年在遭受严重自然灾害情况下,农业依然取得了良好收成,全年农业总产值118.5亿元,比上年增长3%。

1989年1月27日,黑龙江省委印发《关于加快农业发展的十项政策措施》。主要内容为:增加对农业的资金投入;提高农用生产资料的供给水平;积极开展农田基本建设;依靠科学技术,发展农业生产力;充分发挥农用机械作用;进一步调整农村产业结构;认真落实粮食、生猪政策;继续稳定和完善家庭联产承包责任制;坚决减掉农民的不合理负担和切实加强对农村工作的领导。1989年,我省种植业生产遭受大范围、长时间的伏秋旱灾危害,粮食生产仍取得好成绩。

1990年,农业基础地位得到加强。各地认真落实"科技兴农"措施,大力开展农田水利建设,加之气候条件适宜,农林牧副渔获得全面发展。全年农业总产值245.38亿元,比上年增长25.1%。其中种植业产值增长29.2%,林业产值增长1.2%,牧业产值增长21.1%,副业产值增长0.2%,渔业产值增长6.5%。在农村社会总产值中,农业比重为61.3%,工业比重为21.5%。

在农村经济体制改革中,国营农场管理体制改革也持续深入,从财务包干,到试办家庭农场,1985年,在总结试点经验的基础上,全面兴办家庭农场,到年底黑龙江垦区办起13.6万个职工家庭农场,承包耕地131.3

---

① 张成国、张元福:《黑龙江垦区农业改革发展研究》,载《中国农垦》2009年第4期,第28—33页。

万公顷，转让农机具机制 3.35 亿元①。1985 年 12 月，召开了全省国营农场工作会议，明确提出"要发展一长（粮食生产）两短（乡镇企业和多种经营）的方针"。这一时期不断调整和完善经营方针，其核心内容是贯彻"一业为主，多种经营"，就是以一个部门或一两种产品作为农场的主业，实行专业化生产。在保证主业发展的同时，积极开展多种经营，进而实现农林牧副渔、工商运建服协调发展的综合经营。1986 年 1 月 23 日，省委、省政府印发《关于国营农场办好职工家庭农场若干政策的暂行规定》。《规定》指出，国营农场兴办职工家庭农场，建立"大农场套小农场"的双轨经营体制，其性质为全民所有的国营经济性质，要按照国家、农场和职工家庭农场三者利益兼顾的原则，确定分配办法。

## （三）第三阶段：市场经济转轨阶段（1992—2002 年）

1992 年邓小平视察南方发表重要讲话，同年党的十四大召开，推动了新一轮的经济高速增长。在明确了建立社会主义市场经济体制的改革目标之后，农业农村改革进入全面向社会主义市场经济体制转轨的时期。

1992 年，农业生产持续全面发展。10 月 7 日，省委、省政府下发《关于解决当前粮食购销体制问题的通知》，要求从建立和适应社会主义市场经济体制出发，积极实行粮食商品化，经营市场化，逐步把农民和粮食企业推向市场。全省农村进一步完善家庭联产承包责任制，积极推进多种形式的农业社会化服务体系的建设，增加对农业的投入，农业生产在气候条件不如前两年的情况下仍获得全面发展。通过表 2-14 可知，1992 全年粮食总产量达到 2366.3 万吨。

1994 年，全省深入贯彻中央、省委农村工作会议精神，相继出台了一系列加强农村工作、巩固农业基础地位、保护农民利益的政策措施，调动了广大农民的生产积极性，农业投入增加，生产步伐加快。1994 年 12 月 3 日，黑龙江省八届人大常委会第十二次会议通过《黑龙江省农业综合开发管理条例》，条例共五章 40 条，1995 年 1 月 1 日正式执行。这一年，全省实现农业总产值532.2亿元，比上年增长12.6%，农业增加值314.4亿元，增长8.9%，增幅分别比上年提高10.3和4.1个百分点。1994年，黑龙江省农村人均收入达到1394元，高于同期全国平均水平。

表2-14 市场经济转轨阶段黑龙江省农业相关指标

| 年份 | 粮食总产量（万吨） | 造林面积（万公顷） | 猪牛羊肉产量（万吨） | 水产品总量（万吨） | 农业机械总动力（万千瓦） |
| --- | --- | --- | --- | --- | --- |
| 1992 | 2366.3 | 23.95 | 62.7 | 17.8 | 1172.6万 |
| 1993 | 2390.8 | 24.9 | 67.2 | 18.9 | |
| 1994 | 2578.7 | 28.3 | 86.0 | 20.9 | |
| 1995 | 2592.5 | 29.0 | 106.5 | 25.3 | 1226.1 |
| 1996 | 3046.6 | 29.2 | 131.9 | 29.0 | 1254.8 |
| 1997 | 3104.5 | 30.0 | 153.4 | 32.3 | 1285.2 |
| 1998 | 3008.5 | 28.5 | | 35.7 | 1453.9 |
| 1999 | 3074.6 | 39.7 | 114.5 | 36.5 | 1559.7 |
| 2000 | 2545.5 | | 126.0 | 38.2 | 1613.8 |
| 2001 | 2651.7 | 27.7 | 134.3 | 40.2 | 1666.9 |
| 2002 | 2941.2 | 24.4 | 147.9 | 41.8 | 1741.8 |

资料来源：根据《黑龙江省年鉴（1992—2002）》数据整理。

1995年3月10日全省农村工作会议召开。会议传达贯彻中央农村工作会议精神，落实中央加强农业的各项决策，并结合全省实际，深入研究部署农业和农村工作。会议指出：1995年我省农业和农村经济发展的主要任务是大力发展粮食生产，全面发展农村经济，大幅度提高农民收入。因此，要做到"六个坚持"，即坚持大农业、坚持按产业化的要求组织发展农村经济、坚持科教兴农、坚持增加投入、坚持以改革促发展、坚持农村物质文明和精神文明建设两手抓。3月25日全省粮食工作会议召开。省政府与各地、市的专员、市长、粮食局长等负责同志签订了1995年粮食产、购、销责任状。这是全省落实"米袋子"省长负责制,搞好粮食省内供求平衡,促进粮食生产发展,稳定粮油市场,确保有效供给的一项重要举措,标志着黑龙江省粮食管理新机制开始建立。7月31日至8月2日省委召开七届四次全委(扩大)会议。会议审议通过了《中共黑龙江省委关于把黑龙江省由农业大省建设成农业强省的决定》。

1996年黑龙江省把发展农业生产作为加快全省经济发展的战略突破口来抓,特别是省委做出的建设农业强省的决定,进一步统一了全省上下的思想。同时,省委、省政府为了加大减轻农民负担的力度,清理农村经济,于年初下发了《关于制止农民负担反弹的紧急通知》,要求各地坚决贯彻中央提出的"约法三章",把不合理负担压下来。据不完全统计,1996年全省共清理出各类不合理负担311项,金额2.88亿元,保护了农民的合法权益。进一步强化农业经营管理工作,开展"三清四建"活动,促进了集体经济巩固壮大。加强了农业法制建设,农业法律法规逐步完善,依法加强了对承包合同和种子、化肥、农药等市场的管理。

这一年,全省农业技术改进的主攻方向定在以实施"三项革命"为核心,重点推广十大重点技术。采用丰收计划、集团承包等形式,组织米、稻、麦、豆四大主产作物高产攻关,使各项技术覆盖面达到2133.3万多公顷次,农业贡献率由10年前的36%增加到42%。"三项革命"即:以农作物良种繁育、引进、推广为主的"绿色革命",挖掘品种的内因增产潜力;以地膜覆盖栽培技术为主的"白色革命",针对我省冷凉干旱的劣势,通过地膜覆盖改善农田生态环境,提高产量;以培肥地力、土壤耕作为主的"黑色革命",针对农田基础设施薄弱,土壤"荒、硬、瘦"采取对策。这三项技术概括了牵动和制约全省农业增产的关键技术领域,充分体现了良种与良法、农机与农艺、农业技术与基础建设的有机结合,构成了农业技术的基本框架。

省委、省政府于1996年年初制发了《黑龙江省农村经济产业化"九五"规划和2010年远景目标纲要》,确定了全省农村经济产业化的指导方针和途径。1996年全年实现农业总产值805亿元,比上年增长12.5%,农业增加值465亿元,增长12.1%。

1997年全省继续实施农业强省战略,加大了农业的投入力度,强化了农业的科技推广和基础建设,农村经济稳定发展。3月20日至21日全省农村工作会议召开。同月27日全省粮食工作会议召开。会议针对我省粮食连年丰收后给粮食工作带来的收储难、烘干难、销售难等问题,指出今年全省粮食工作要以促销和扭亏为重点,进一步深化粮食流通体制改革,增强企业活力和竞争力。

1998年2月20日至21日召开的全省农村工作会议指出:要抢抓机遇,转变观念,深化农村改革,坚持以市场为导向,遵循市场经济和自然规律,大力发展质量效益型农业,加快农业强省建设步伐。5月21日至23日全省粮食流通体制改革工作会议召开。会议按照党中央、国务院粮食流通体制改革决定和"四分开一完善"①的原则,对我省粮食流通体制改革的实施和推进做出部署。

1999年1月11日至12日全省农业工作会议召开,会议强调,要发展质量效益型农业,尽快增加农民收入。12月25日全省乡镇企业工作会议召开,要求各地要加快乡镇企业产业结构调整,发展特色优质农业、高新技术产业和第三产业,构造竞争新优势,推动乡镇企业持续健康发展,力争在"绿色食品"和"北药"两个支柱产业中有所突破。这一年农业结构调整进程加快:一是种植结构调整呈良好态势,各地突出发展高效作物。二是优质农产品开发迈出新的步伐,全省优质农作物面积7150万亩,比上年增加1150万亩。三是特色农业异军突起,具有黑龙江特色的农产品生产

---

① 四分开一完善:政企分开、储备与经营分开、中央与地方责任分开、新老财务挂账分开和完善粮食价格机制并实行并轨。

正逐步由无序发展向专业化发展，由粗放经营向集约化发展，由零星分散向规模化发展。四是绿色食品开发势头强劲，面积发展到300万亩，在全国居领先地位。

1999年农垦进一步巩固和深化农业改革。以"四到户、两自理"为特征的家庭农场的主导地位更加牢固，国有农场农业生产组织形式和职工收入分配方式的调整任务基本完成。各类家庭农场发展到22.3万个，占全部农业生产组织的99.9%。家庭农场经营规模有所扩大。土地规模经营总面积达到1488.2万亩，占承租总面积的51.6%，比上年增加11.1%。

2000年是我省实施农业和农村经济战略性调整的第一年。1月15日全省农业综合开发工作会议确定，要突出优质粮食基地、优质饲料基地、绿色食品基地、节水农业、生态农业和现代化农业示范区建设为本省农业综合开发的工作重点。这一年，全省上下认真贯彻中央农村工作会议精神，坚持以农业增效、农民增收为目标，积极引导农民进行经济结构调整，大灾之年农业仍获得较好的收成，全省农业和农村经济保持了稳定发展。粮食总产量达254.5亿公斤。农民人均纯收入达到2148元，基本保持上年水平，整个农业经济呈现良好的发展态势。截至2000年底，全省制定出农业地方标准1053项。农业标准体系的建立，对全省农业增产增收，农产品抢占国内外市场，起到了巨大的推动作用，并产生了较大的经济效益和社会效益。

2001年1月15日省委省政府召开全省农村工作会议，提出2001年全省农业和农村工作要紧紧围绕增加农民收入这个中心，抓好农业和农村经济结构的战略性调整，农村税费制度改革、乡镇行政区划调整和农村"三个代表"重要思想学习教育四项重点工作。3月30日至31日全省农村税费改革试点工作会议传达贯彻了全国农村税费改革工作会议精神，学习讨论了全省农村税费改革试点工作方案及配套文件，部署了全省税费改革试点工作。省委、省政府决定今年在全省范围内全面推行农村税费改革试工作。这一年,农业和农村经济实现了稳定发展。优质农作物播种面积占种植面积比重达75.0%;绿色食品认证达281个,占全国认证总数的14.1%;全年实现畜牧业总产值224.6亿元,年末全省拥有农业机械总动力达1666.9万千瓦。

2002年7月19日省委、省政府发表《至全省广大农民群众的公开信》,使广大农民群众了解实施农村税费改革试点的重要意义及具体实施内容,以便加快推进农村税费改革的工作。7月20日,省委、省政府下发《关于印发〈黑龙江省农村税费改革试点实施方案〉的通知》。这一年,全省以农民增收为重点,发展形势是近三四年最好的。种植业生产获得好收成,粮豆薯总产量达2941.2万吨,比上年增长10.9%。全面推行了农村税费改革试点工作,改革后全省农民人均负担下降了31.7%,受到广大农民群众的普遍拥护和欢迎。

2002年,垦区农场内部政企分开改革继续稳步推进,到年底,垦区104个农牧场和5家承担社会职能的厂矿企业,全部设立了社区管理机构和社区居民自治组织,分离了企业办社会职能。北大荒农业股份有限公司于2002年3月29日在上交所正式挂牌上市,一次性募集资金16.14亿元,实现了北大荒集团挺进资本市场融资的重大突破,成为中国乃至世界规模最大的以种植业为主营业务的上市公司。

**(四)第四阶段:保护支持提质阶段(2003—2012年)**

党的十六大首次提出"统筹城乡发展"的思想,2003年十六届三中全会把统筹城乡发展摆在"五个统筹"之首。黑龙江省大力贯彻落实中央精神,坚持以农民增收为中心,大力发展现代农业,建设社会主义新农村的特色农业现代化道路,实施了一系列粮食生产、绿色农业、产业结构优化调整、统筹城乡一体化等发展战略。

2003年2月20日至21日全省农村工作会议召开。会议对今年农业和农村工作提出了总体要求,即紧紧围绕全面建设小康社会的战略目标,以加快农村经济发展、增加农民收入为中心,努力实现农业增加值和农民人均纯收入增长5%。省委副书记、省长宋法棠在会上提出今后一个时期要实施好一个战略、发挥好两大动力、做好三个协调发展、突出四个重点、落实好农业"五化"的农业和农村工作总体思路。8月19日省委下发《黑龙江省全面建设小康社会纲要》,指出发展现代农业等基础设施建设,可持续发展等十四个方面的内容。2003年,全省农业坚持以市场为导向,实施种植业与畜牧业主辅换位战略,推进农村经济结构调整,而对罕见的干旱、严重的洪涝、低温等多种自然灾害,动员和组织人民群众奋起抗灾自救,努力降低损失。全年农业和农村经济保持了增长势头。

2004年,全省农业战线以科学发展观为统领,认真贯彻落实《中共中央国务院关于促进农民增加收入若干政策的意见》和《中共黑龙江省委黑龙江省人民政府关于贯彻落实中共中央国务院中发〔2004〕1号文件的实施意见》等支持农业特别是促进农民增收的政策措施,2月27日全省深入贯彻中央一号文件精神加快农村劳动力转移电视电话会议召开,会议强调要认真抓好贯彻落实,引导更多的农民走出"家门",掀起农民增收热潮,为黑龙江省全面建设小康社会奠定基础。3月26日,省委、省政府印发《关于贯彻中共中央、国务院中发〔2004〕1号文件的实施意见》,意见指出要做好发展优质粮食生产,提高粮食生产效益;实施"主辅换位"战略,把畜牧业发展成为农村经济的主导产业;加快农村劳动力转移,发展壮大劳务经济;发展绿色食品产业,提高农产品质量安全水平等十个方面的重点工作。4月2日,全省万名干部深入农村宣传贯彻落实中央一号文件精神促进农民增收动员会召开,此次活动历时两个月。6月6日,全省全部免征农业税配套改革试点启动。双城、兰西、讷河、富锦四个县(市)先行试点,重点推进建立防止农民负担反弹机制的配套改革。同步制订试点方案,明确规定"一个免征、三项改革、五个完善"。9月10日,全省全部免征农业税改革试点实施阶段电视电话会议在哈尔滨市召开。全省所有县市区全部推行免征农业税改革试点工作，这标志着全省全部免征农业税改革试点转入实施阶段。

2004年10月，黑龙江省政府作为全国率先开展免除农业税的省份之一，印发了《黑龙江省全部免征农业税改革试点工作方案》，计划分3个阶段，到2005年3月底全面完成免征农业税改革。农业税的取消作为一个具有里程碑式意义的事件，极大地提高了广大农民的生活水平和生产积极性。这一年农业和农村经济取得重大发展，农民人均纯收入实现了快速增长，达3010元，比上年增长20%，是黑龙江省历史上农民人均纯收入增幅最大的一年。

2005年1月19日至20日全省农村工作会议召开，会议强调全省农业已经进入以工促农、以城带乡的攻坚阶段，要更加注重提高农业综合生产能力，建设现代农业，实现农村经济社会持续协调发展。10月11日，党的十六届五中全会通过的《十一五规划纲要建议》首次提出建设社会主义新农村，实行工业反哺农业、城市支持农村。

这一年黑龙江省农业发展进一步推进，主要表现在：一是农业结构调整得到进一步优化。2005年，粮食播种面积扩大，投入增加，标准提高，粮食总产创新高。优质高效经济作物和饲草、饲料作物稳步发展。二是农业产业化经营层次进一步提升。农业产业化龙头企业不断发展壮大。三是农村劳动力转移步伐进一步加快。全省把发展劳务经济作为农村经济新的增长点。认真实施农民工转移培训阳光工程，完成培训51万人。四是农业科技工作实现新发展。积极创新农业技术推广体制和运行机制，大面积推广综合配套新技术和先进栽培模式，农业标准化种植面积突破0.06亿公顷。五是外向型农业发展势头强劲。深入组织实施对俄罗斯农产品基地建设、百户万人境外农业开发、重点示范项目和赴俄罗斯万名农民工培训"四项工程"，新建一批农产品出口基地、境外农业开发项目和农产品出口市场。六是农业基础建设进一步加强。认真落实国家在全省30个产粮大县实施的大型农业机械购置补贴政策，购置大型配套农机具482台（套）。七是农业法制建设不断加强。全面贯彻落实各项农业法律法规，认真查处各类农资违法案件，为农民挽回经济损失4000余万元。八是农村改革继续向纵深推进。全面落实各项减轻农民负担政策，认真开展对涉农乱收费的专项治理，全省农民负担总额比上年减少2155万元。

2006年1月17日至18日全省农村工作会议召开。会议贯彻落实中央经济工作会议、中央农村工作会议和省委经济工作会议精神，研究部署"十一五"期间推进社会主义新农村建设的政策措施。会议要求，今后要做好推进现代农业建设，加快发展农村经济等七项工作。2月28日，黑龙江省新农村建设领导小组第一次会议召开。会议讨论并原则通过了《黑龙江省新农村建设领导小组成员单位2006年工作任务分解》《中省直单位2006年帮建试点村工作安排意见》《黑龙江省新农村建设试点乡村2006年发展建设目标》《黑龙江省新农村建设试点乡村名单》。4月26日，全省建设社会主义新农村培训班召开。省委书记、省人大常委会主任钱运录与会时强调，要深入学习中央领导关于建设社会主义新农村讲话精神，联系我省实际，统一思想，明确任务，加强领导，扎实推进我省社会主义新农村建设。

2006年是实施"十一五"规划的第一年，也是社会主义新农村建设的起步之年。全省各级农委坚持科学发展观，以新农村建设为统领，深入落实各项惠农富民政策，不断调整优化农业和农村经济结构，切实加强农业综合生产能力建设，实现粮食增产、农业增效和农民增收，新农村建设实现良好开局。按照"集中抓发展，重点抓试点，面上抓推进"的思路，各地坚持从实际出发，从实事抓起，强力推进新农村建设。各市（地）、县（市）建立新农村建设工作机构，形成上下贯通的组织领导体系。制定下发《黑龙江省新农村建设规划》《黑龙江省新农村建设领导小组成员单位

2006年工作任务分解》《中省直单位2006年帮建试点村工作安排意见》《黑龙江省新农村建设试点乡村2006年发展建设目标》等文件，加强对全省新农村建设工作的指导。全省新农村建设起步扎实，进展顺利，总体健康。

2007年1月16日至17日全省农村工作会议召开，会议总结2006年农业农村工作，研究积极发展现代农业、扎实推进社会主义新农村建设的政策措施，部署2007年农业农村工作。会议讨论了《中共黑龙江省委、省政府关于贯彻落实〈中共中央、国务院关于积极发展现代农业，扎实推进社会主义新农村建设的若干意见〉的实施意见（讨论稿）》。5月11日，省新农村建设领导小组第三次会议召开，会议强调要按照新农村建设工作的总体安排和要求，推进"百乡千村"试点，进一步提高全省社会主义新农村建设水平。

2007年，全省各级农委坚持以新农村建设为统领，积极推进现代农业建设，全面落实各项惠农富民政策，大幅度增加三农投入，进一步优化农业和农村经济结构，不断拓宽农民增收渠道，农业和农村经济在上年高起点上又取得新进展，农村基础建设和社会事业又有新进步，农村经济社会保持持续发展的良好态势。农民收入持续增长。全省农民人均纯收入达到4132.3元，比上年增加580.2元，增长16.3%，再创历史新高。各地把发展现代农业放在重要位置来抓，重点围绕水利化、机械化、标准化、规模化、产业化和信息化，进一步加大推进力度。

2008年4月16日省新农村建设领导小组第五次会议召开，会议讨论通过了《2008年全省新农村建设工作安排》《省新农村建设领导小组成员单位2008年工作任务分解》等文件。截止到2008年垦区基本建立起防洪、除涝、灌溉和水土保持四大水利工程体系，形成了网、带、片结合的防护林和生态公益林体系，建设完善了226个现代农机装备作业区，农业生产田间作业综合机械化率提高到95%。

2009年，全省各级农业部门全面落实强农惠农政策，优化农业农村经济结构，深化农村改革，推进现代农业和新农村建设，全省农业、农村经济继续保持稳定发展的良好态势。按照"整乡推进、百村示范、千村试点、梯次推进、整体提高"的工作思路，作为全省"十大工程"之一进行重点推进。启动第2批新农村建设试点。实施19个乡（镇）开展整乡推进，建设300个示范村、35个省级重点示范村。其中全省农业综合开发工作，以科学发展观为统领，以发展现代农业为主线，以推动全省经济平稳较快发展为总要求，大力推进高标准农田建设、优势产业产业化经营、农业科技进步和生态环境保护和建设。

2010年全省以千亿斤（500亿公斤）粮食产能工程为主线，以松嫩、三江两大平原农业综合开发试验区建设为重点，以新农村建设工程为载体，突出抓好提升农业综合生产能力，提升农村经济发展活力，提升新农村建设水平；确保粮食总产量再登新台阶，确保农民人均纯收入持续增长；加快发展县域经济的重点工作，全省农业、农村经济社会继续保持快速健康发展势头。年底，全省粮食总产量达501.3亿公斤，粮食商品量达到400亿公斤以上。同时坚持实施农业沿边开放和"走出去"发展战略，全省外向型农业实现了金融危机以来恢复性快速增长。全省对俄罗斯境外农业开发面积42.67万公顷，比上年增长23%；对俄罗斯境外农业开发合作项目172个。

2011年2月12日召开省政府专题会议，贯彻落实全国粮食生产电视电话会议精神，研究全省备春耕生产工作。会议强调黑龙江是全国粮食大省和重要的商品粮基地，发展粮食生产是一大优势，保国家粮食安全始终是义不容辞的政治责任，保农民增收是"三农"工作的中心任务。全省农业系统认真贯彻落实中央农村工作会议、中央1号文件和省委省政府关于现代农业"四大""八化"等一系列重大决策部署，深入实施千亿斤粮食产能巩固提高工程和新农村建设工程，加快推进两大平原农业综合开发试验区建设，大力发展现代化大农业，农业农村经济继续保持良好的发展态势。粮食总产和商品量实现全国双第一。全省粮食总产达到 557.05 亿公斤，商品量达到 446.6 亿公斤，分别比上年增长 11.1% 和 13.7%，均创历史新高，成为全国唯一的粮食总产和商品量双第一的省份。省政府出台《关于加快蔬菜产业发展的意见》，促进了蔬菜产业特别是设施蔬菜生产加快发展。全省蔬菜种植面积 44.32 万公顷，全省菜农户均收入 3.6 万元。

2012 年 2 月 6 日省政府扶贫开发领导小组召开会议，研究部署 2012 年全省农村扶贫开发重点任务。总体目标是：启动实施首批 500 个贫困村整村推进，通过产业扶贫、贫困户劳动力培训及特困片区开发，实现 10 万农村贫困人口脱贫。12 月 10 日，新农村建设工作专题会议召开，会议要求把建设新农村与推动农村城镇化、城乡一体化有机结合起来，推动全省新农村建设再上一个新台阶。全省农业系统深入推进以"四大""八化"为重点的现代化大农业建设，经受住了宏观经济增速放缓和重大自然灾害多的双重挑战，实现了粮食生产"九连增"和农民增收"九连快"，农业生产连续 9 年获得大丰收。现代农业物资装备水平大幅提升。农机化步伐加快，全省新组建投资 1000 万元以上的现代农机合作社 239 个，总数达 797 个，田间作业综合机械化程度达 91.7%。农村体制机制创新步伐加快。全省土地规模经营步伐加快，农村土地流转和规模经营面积分别达到 296.4 万公顷和 271.93 万公顷，204 个村实现整村土地规模经营。通过引导合作社完善章程、实行民主管理、健全财务制度，特别是大力推广克山县仁发合作社的入社土地保底、国投资产平均量化到每个土地保底、国投资产平均量化到每个成员、公积金记入个人账户作为出资等做法，吸引农民带地入社，合作社规范化建设水平和辐射带动能力快速提升。

**（五）第五阶段：改革创新深化阶段（2013 年至今）**

2013 年 2 月 19 日黑龙江省召开"三农"工作座谈会，会议强调要把

## 第二章 改革开放以来黑龙江省农业政策演变动因分析

实现农民增收致富作为"三农"工作的中心任务,作为全面建设小康社会的主攻方向,大力促进农业增产、农民增收、农村繁荣,让广大农民过上更加幸福美好的新生活。2013年6月,国务院正式批复黑龙江省"两大平原"现代农业综合配套改革试验总体方案,将"两大平原"改革上升为国家战略,列为国家发改委主抓的12个国家级综合配套改革试验区之一。以此为契机,以构建新型农业经营体系为重点,着力在促生产、增收入、强基础、上科技、惠民生、添活力上下功夫,加快推进现代化大农业建设,在农业自然灾害叠加、宏观经济环境趋紧的不利形势下,2013年粮食生产实现"十连增",农民收入实现"十连快"。

2014年2月28日—3月1日,黑龙江省委农村工作会议在哈尔滨市召开。此次会议进一步明确全省农村改革和加快现代农业发展的战略定位,确定工作重点,提出目标要求。会议还讨论了关于全面深化农村改革加快现代农业发展的若干意见、关于促进农业保险发展的若干意见、创新农村金融服务总体方案和黑龙江省农业互助合作保险试点总体方案。全年全省农业部门以"两大平原"现代农业综合配套改革试验为统领,以现代化大农业建设为主线,以构建新型农业经营体系为重点,着力加强基础建设,强化科技支撑,深化农村改革,转变发展方式,农业和农村经济稳中有升、持续发展。"两大平原"现代农业综合配套改革扎实推进,新型农业经营主体不断壮大。全省农民合作社达到6.9万个,家庭农场(大户)达到10.5万个;现代农机合作社总数达1161个,农机合作社规范化水平和带动能力进一步提升。新型农业经营主体发展壮大,推动了土地规模经营和劳动力转移。

2015年2月11日,省委农村工作会议在哈尔滨市召开。按照省委农村工作会议部署,黑龙江省农委系统主动适应经济发展新常态,全面落实"稳粮增收、提质增效、创新驱动"总要求,以深化现代农业改革为统领,以调结构转方式为主线,加快推进规模化生产、合作化经营、产业化发展、社会化服务,大力发展现代农业,全省农业农村经济稳中有进、持续向好。

2016年实施玉米生产者补贴。7月,省政府办公厅印发《黑龙江省人民政府办公厅关于印发2016年黑龙江省玉米生产者补贴实施方案的通知》。8月30日,省农委、省财政厅和省统计局又联合下发了《关于核实上报2016年玉米等主要粮食作物种植面积的通知》。全省各地各部门认真贯彻党中央、国务院和省委、省政府关于"三农"工作的一系列重大决策部署,特别是全面落实习近平总书记对黑龙江两次重要讲话精神,紧紧围绕争当全国农业现代化建设排头兵这一总目标,以农业供给侧结构性改革为主线,以保障国家粮食安全和农民持续增收为核心,加快构建现代农业产业体系、生产体系、经营体系,做好"三篇大文章",综合施策、多点发力,全省农业农村经济在上年高起点的基础上,稳中有进、持续向好,实现"十三五"良好开局。

2017年,党的十九大明确提出"农业农村优先发展"的战略思想,特别是首次提出"实施乡村振兴战略",为现代农业发展注入新的动能。黑龙江省农委认真贯彻落实党的十九大和省第十二次党代会精神,以习近平总书记对黑龙江振兴发展两次重要讲话精神为指导,以争当全国农业现代化建设排头兵为目标,深化农业供给侧结构性改革,着力构建现代农业"三大体系",加快调结构、转方式、育动能、促增长,全省农业农村经济发展继续保持稳中有进、持续向好态势。粮食总产1203.76亿斤,实现"十四连丰",连续七年保持全国首位。农村居民人均可支配收入快速增长,达到12665元。

2018年9月23日,作为全国6个分会场之一,以"放歌龙江黑土、同庆五谷丰登"为主题,成功举办首个"中国农民丰收节"庆祝活动。10月9—11日,以"稻米飘香世界"为主题,通过"论、品、展、谈、奖、观"相结合的方式,成功举办2018中国·黑龙江国际大米节。黑龙江省

## 第二章 改革开放以来黑龙江省农业政策演变动因分析

以实施乡村振兴战略为总抓手,着力推进农业全面升级、农村全面建设、农民全面发展,农业农村经济保持稳中有进、持续向好的发展态势。截至2018年底,全省粮食作物播种面积21321.8万亩,总产量达到1501.4亿斤,实现"十五连丰",连续8年位居全国首位,保障国家粮食安全"压舱石"的地位和作用更加巩固。

2019年黑龙江省农业系统深入贯彻习近平总书记对黑龙江"三农"发展的重要讲话和重要指示精神,以实施乡村振兴战略为总抓手,以争当农业现代化排头兵为目标,按照省委、省政府建设"六个强省"目标和"六抓"要求,聚焦"三农"领域硬任务,打赢非洲猪瘟防控、秸秆综合利用、畜禽粪污资源化利用、人居环境整治、大棚房清理、农村集体产权制度改革等硬仗,深入实施"八大行动",农业强省建设迈出坚实步伐,农业农村持续健康稳步发展,为全省经济发展提供有力支撑。2019年,全省第一产业增加值实现3183亿元,占全省GDP比重的23.4%,高于全国一产占比(7.1%)16.3个百分点。

2020年,推进黑土耕地质量保护和提升。印发《黑龙江省黑土地保护性耕作行动方案(2020—2025年)》《黑龙江省2020年黑土地保护性耕作实施方案》,以"一翻两免"为技术核心,在12个市(地)、78个县(市、区)推进保护性耕作行动计划。建立轮作休耕制度,2020年国家下达黑龙江省耕地轮作休耕试点任务面积为1020万亩,实际完成试点面积1051.2万亩。黑龙江省农业农村部门坚决贯彻党中央、国务院和省委、省政府决策部署,坚持以"六稳"促"六保",统筹推进农业农村发展,加快农业强省建设,全省农业农村经济稳中有进、持续向好,稳住了农业基本盘,为全省经济社会发展提供了有力支撑。第一产业增加值3438.3亿元,同比增长2.9%,占GDP比重达到25.1%。全省一产固定资产投资增长124.1%。

2021年是"十四五"开局之年,2月28日黑龙江省委农村工作会议召开，会议指出要找准坐标、明确方位、盯住靶心，坚持农业农村优先发展总方针，以全面实施乡村振兴战略为总抓手，以实现农业农村现代化为总目标，奋力开创"三农"工作新局面。全年"三农"工作成效明显。粮食总产1573.5亿斤，实现"十八连丰"。黑土地保护"龙江模式""三江模式"全国推广，圆满完成耕地保护目标任务。绿色有机食品认证面积8816.8万亩，继续保持全国第一。新型农业经营主体加快发展，合作社达到9.6万个，家庭农场达到6.2万个，农业生产全程托管服务面积2042万亩。农业综合机械化率继续保持全国领先。农村人居环境整治扎实推进，新建改建农村公路4000公里，提高280万农村居民供水保障水平。守住了不发生规模性返贫底线，脱贫攻坚成果进一步巩固提升。农村居民人均可支配收入增长10.6%，增速为7年来最高。

# 第三章 改革开放以来黑龙江省农业政策的演变

## 一、黑龙江省的科技政策

农业生产中的科学技术要素如同一台马力强劲的引擎，为提升农业生产效率和提高农产品质量提供着至关重要的牵引力。自改革开放以来，党中央始终高度重视农业科技的进步，关注农业现代化发展的进程。黑龙江省作为我国的农业大省，作为推进农业现代化的前沿阵地，现代农业领跑全国。从改革开放初期，一直到踏足在"十四五"新征程的起跑线上，黑龙江省政府颁发了众多的农业科技支持政策，主要可以分为四个大方向，如图3-1所示。

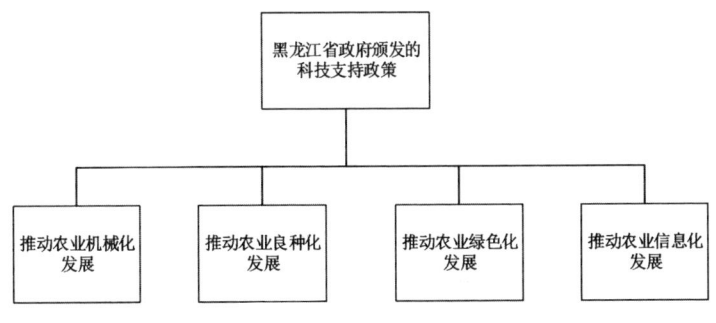

图3-1 黑龙江省政府颁发的科技政策

## (一)推动农业机械化发展

农业机械化发展既包括农产品生产过程中的机械化,即以大规模的机器作业代替人工,提升农产品生产效率,还包括农产品的运输及加工过程的科学化和精细化,是农业现代化发展中长久不变的重点所在。黑龙江省政府颁发的推动农业机械化发展的相关科技支持政策也伴随着全国农业生产实践的发展而不断完善。黑龙江是农业大省,也是我国最早实施农业生产机械化作业的省份之一。改革开放初期,党中央提出"科技兴农"战略,将农业机械化发展作为农业现代化发展的核心内容,黑龙江省政府也对此做出了积极响应。

1979年,中共黑龙江省委召开四届二次全委(扩大)会议,提出发展农业机械化,从1979年到1981年,采取分类指导、分批推进的方针,推进了农村机械化的发展。1982年,全省农村拖拉机发展到10.5万台,机耕面积达到68.5%,翻地机械化程度达到91.6%。

国营农场机械化方面,1947年黑龙江地区开始创建国营农场,并且全部配备农业机械,实行机械化生产。1979年6月,省农场总局在《关于100个全盘农业机械化生产队试点工作的通知》中提出,要立足实际,有步骤地采用国产机械,重视现有农机具的改革。以此为指导思想,一批生产队秉持着因地制宜的宗旨,开始利用国产农机设备进行生产,并取得了良好成效。从1978年到1980年,黑龙江省政府在农业机械设备方面的投资达到了2.8亿元,黑龙江垦区的农业机械化程度大大提高。与此同时,农机部门还着力于推动农机作业的标准化,并取得明显成效。

20世纪80年代初,黑龙江省农垦总局利用国外补偿贸易贷款购进美国先进农机设备,在建三江管理局创建了第一个现代化农场——洪河农场,探索中国式现代化农场新路。1983年,农业联产承包责任制在黑龙江省普遍推行,农业机械管理实行国家、集体、农民个人多种经营形式并存的方针,机械型号由大中型为主,转变为以中小型为主,全省出现了农民自办机械化新格局;到1985年,全省拖拉机拥有量达到24.2万台,其中农村20.7万台。在拖拉机总数中,小型拖拉机达到15万台,占总数的62%;其中95%的小型拖拉机为农户个人购置。在随后的几年里,黑龙江省又推动建立了农机服务体系,以整合资源、高效分配为方针,使得农民能够通过更简单的流程得到更有针对性的服务。

在1990年1月,全省农业机械化工作会议上讨论研究了如何充分发挥农机作用、促进全省粮食生产发展的问题,强调要允许多种经营管理形式并存,因地制宜地稳定农机经营管理体制。此外,从1990年开始,黑龙江省开始实施农村大型农业机械更新补贴政策,由省、市、县各级政府,银行及农民集体共同筹集资金,助力大型农机的前沿化发展。黑龙江省政府从1990年开始,对大型农业机械采取扶持政策,每年拿出1000万元用于大型农业机械的更新补贴,这项政策的实施调动了各方面向农机化投入的积极性。1990年由于各级政府的重视,全省农村用于大型农业机械更新的资金达1.56亿元。1990年12月,黑龙江省政府颁布了《黑龙江省农业机械管理办法》,这也是省内农机改革以来的第一个大法。《办法》的适用范围为县、乡、村和国营农场系统(不包括国营林、渔场)用于农、林、牧、副、渔业的各种农用动力机械和其配套的作业机械,把重心放在了农机质量监督和分配管理标准化上。各地市县结合本地实际,进一步完善了农机管理规章制度等。同年年底,黑龙江省机械耕地程度达到71.5%,全年培训各类农机人员超过20万人,农业机械服务体系进一步完善。为正确处理农业机械事故,1992年12月5日省政府发布了《黑龙江省农业机械事故处理规定》,将农机事故处理纳入了法律轨道。为提高田间农业机械作业水平,推行标准化作业,省农机局研制了《黑龙江省农业机械田间作业技术规程》,省技术监督局于1993年1月10日批准发布,这部规程在国内是首创。为进一步规范加强农业机械安全管理,1994年7月25日黑龙江省第八届人民代表大会常务委员会第十次会议通过《黑龙江省农业机械管理条例》。

1995年后,伴随着众多领域内的科学技术的井喷式发展,加之对前一阶段农业机械化发展的反思和总结,党中央将"科技兴农"战略进一步发展为"科教兴农"战略,将工作重点扩大到提高农业科技的持续创新能力上。这对黑龙江省农业机械化发展提出了全新的要求,黑龙江省政府也随之颁发了相应政策。在行政立法方面,1996年7月6日黑龙江省人大第22次常委会颁布了《黑龙江省农业机械安全监督管理条例》,并于1996年10月1日起施行。1998年省农垦总局颁发《关于加强垦区农业机械化工程建设的决定》,提出要在2000年全面实现黑龙江垦区的农业机械化。2000年4月,黑龙江省人民政府发布的《关于黑龙江省农业和农村经济结构战略性调整的意见》指出,要兼顾并重农机的引进和创新,抓好农机化基础建设。并且大力开发和推广农产品精深加工和综合利用技术,农产品贮藏、保鲜、包装技术,降耗增效技术和以生物措施为重点的绿色食品生产技术。此外,还要积极推进农业科研和农技推广体制改革,坚持科研与生产紧密结合,促进科技成果尽快转化为现实生产力。继续抓好高产优质高效农业示范区和高科技农业示范区建设,使科技工作更好地为结构调整服务。2004年,黑龙江省开始实施现代农业装备工程项目,购进大量先进自动化农业设备,有效提高了农业生产效率。同年10月15日,黑龙江省第十届人民代表大会常务委员会第十一次会议通过了《黑龙江省农业机械条例》。该《条例》是在国家《农机促进法》和《道路交通法》颁布后,全国第一部按上位法立法的省级农机管理法规。到2005年,垦区粮食产量首次突破百亿公斤。2012年3月,省农垦总局印发《黑龙江垦区农业科技促进年活动实施方案》,指出应当进一步加强农业基础设施建设,推动现代化大农机发展,并强调要发展粮食贮藏加工技术。同年10月印发的《黑龙江省现代化大农业发展规划》中提出,应加强各大农机产业园区的联系,实现2015年全省农机总动力达到5000万千瓦,田间作业综合机械化程度达到92.5%的目标。

　　党的十八大以来,面对愈发激变动荡的国际形势,以及日益严峻的资源与环境问题,在保持农业生产总体稳定的基础上,实现农业的转型发展,就成为了主要任务。对此,黑龙江省政府立足本省实际状况,在注重农业的信息化发展和绿色化发展的同时,依然着力于巩固提高农业机械化水平。

2014年6月,为了保障农民和农业生产经营者的合法权益,同时提高农业机械化水平,加强监管力度,黑龙江省农业委员会发布了《关于进一步加强农业机械质量监督管理工作的通知》。《通知》提出,要建立健全省、市、县三级农机质量投诉监督体系,明确各地区负责处理农机质量投诉的机构,并对机构的工作人员开展指导和培训工作,确保反馈机制的透明性和高效率。同时,政府相关部门还应当发挥主动性,采取问卷、跟踪问询等方式定期对农机质量进行普遍调查,做好质量认定工作,推动本省农机产业的规范和进步。2018年全年,黑龙江省共建设了12个现代农业示范区,并进一步增加了农机装备投入。2020年的《黑龙江省人民政府关于加快推进农业机械化和农机装备产业转型升级的实施意见》中指出,要着力推进主要农作物生产全程机械化,加快推广先进农机设备的使用,使农业机械化发展与农业信息化发展有机融合,并大力发展农机社会化服务,争取实现2025年全省农机总动力稳定在6600万千瓦左右,农作物耕种收综合机械化率稳定在98%,100马力以上拖拉机保有量达到5万台的目标。

截至2020年底,黑龙江省主要农作物耕种收综合机械化水平达到99.7%,其中用于主要农作物生产的农用机械总动力达到1237.4万千瓦;全省农机总动力达到约6775.1万千瓦,耕种收综合机械化水平达到98%,农业机械化发展稳步前行。

2021年12月14日,黑龙江省农业农村厅印发了《黑龙江省农业机械化"十四五"发展规划》,这是又一个具有里程碑式意义的文件。《规划》首先总结了"十三五"时期黑龙江省农业机械化发展取得的卓越成就,紧接着立足于此,指出本省的农业机械化尚且存在着农业规模经营水平有待提高、农机装备结构有待优化、农机化装备短板有待突破、农机化新技术推广力度有待加强以及高端智能农机装备产业优势不强这五个问题。《规划》还提出，到 2025 年，应实现农业机械化进入全程全面高质高效发展时期，全省粮食生产高质量机械化率达到 70% 以上，农机总动力稳定在 6600 万千瓦左右，100 马力及以上拖拉机保有量达到 8 万台的目标。建立完善农机化政策、粮食生产机械化高质量发展评价"两个体系"，重点推进农机装备结构优化、农机社会化服务体系建设、农业产业体系全程全面机械化推进、高端智能农机装备应用、农业机械机务管理提升、农机化实用型人才培养、黑土地保护性耕作、农机化惠农政策、农机化新技术推广提升、农机标准化质量监管等"十项工程"。同年 12 月 17 日，省农业农村厅又印发了《黑龙江省"十四五"农业科技发展规划》，其中重点指出了黑龙江省农业科技的自主创新能力还有所欠缺，农业科技的应用和推广也有待进一步加强。但与此同时，伴随着"十四五"时期学科交叉趋势的日益显著，新一轮的科技革命浪潮也近在眼前，人工智能、生物技术、新能源和新材料等在农业领域的应用会不断延展，加之国家政策的支持，这将成为黑龙江省农业机械化发展的重大机遇。

综合《黑龙江省农业机械化"十四五"发展规划》以及《黑龙江省"十四五"农业科技发展规划》中的内容不难看出，"十四五"时期黑龙江省的农业机械化发展是困难与机遇并存的，其重点和难点主要在于农机技术瓶颈的突破和新技术的应用与推广，这是黑龙江省农业向高质量发展转型，与世界农业先进水平相接轨的重要一步。

### （二）推动农业良种化发展

种业作为一个覆盖面较为广泛，并且对农产品产量及品质有着直接影响的产业，在增加农民收益，提高农产品竞争力方面扮演着至关重要的角色。改革开放以来，黑龙江省政府坚持贯彻执行党中央的相关指示，并结合本省的实际情况，制定了多项推动农业良种化发展的政策，取得了斐然的成绩。

改革开放初期，黑龙江垦区的科技研发能力尚且较为薄弱，省政府基于这一实际情况，加大资金投入，从良种的引进和研发两方面入手，推动了农业的良种化发展。1980年，黑龙江垦区启动补偿贸易项目，投入大量资金购入美国和日本的良种。与此同时，垦区又大力支持杂交育种的研发，实现了多种农作物的产量和品质上的飞跃。1988年，黑龙江省农业科学院育种所培育出"龙谷26"新品种，突破了我国谷子栽培的历史禁区，填补了高寒区谷子种植的空白。1989年，全省审定推广18种农作物41个新品种，并从美国和德国引进共26个新品种进行多阶段试验，以充分了解和运用国外先进种质。20世纪90年代，黑龙江省政府开始将育种目标由高产量向高质量转变，培育出了多个优良品种。

2000年4月，针对中国即将加入世界贸易组织，届时本地农产品将会不可避免地遭受到国际农产品流入的冲击这一情况，又考虑到自1995年来，黑龙江省连续多年农民收入增长减缓，甚至出现负增长的现实，黑龙江省人民政府颁布了《关于黑龙江省农业和农村经济结构战略性调整的意见》，其中明确提出，要发展优质高产高效的农产品，加强种子工程建设，双管齐下地推动种植业和畜牧业的良种化进程。同年5月，省政府又印发《黑龙江省农业良种化工程实施方案》，要求到2005年实现培育出一批主要性状指标达到或接近国际品种标准的主要动植物品种，并提出了从多方面加大政府扶持力度，完善成果评估体系的方案。一方面着重于对现有优良品种的大范围推广，另一方面也要重视对新品种的引进和培育，并且以科技产业园为中介和桥梁，把科研成果和实际应用二者链接起来，提升科研转化率，进而促成整个良种化工程的高效良性循环。

截至2010年末，黑龙江省良种覆盖率稳定超过98%，全省有35个优良品种推广面积超过6.67万公顷，192个农作物优良品种推广面积超过0.67万公顷，优质专用品种覆盖率达90%以上，农业良种化工程取得了重大进步。

2012年党的十八大以来，为贯彻习近平总书记"给农业现代化插上科技的翅膀"的指示，落实"藏粮于技"战略，黑龙江省政府在充分考察了本省实际状况之后，与时俱进地提出了推动农业良种化发展的政策。2020年7月，黑龙江省人民政府办公厅发布的《关于加快农业科技创新推广的实施意见》中，将现代种业提升工程列为"三大提升工程"之一，提出了"到2025年，农作物自主选育品种种植面积占比92%以上，主要畜禽核心种源自给率达到80%"的目标，并突出强调了农业科研机构在农业良种化发展中起到的核心作用，提出要加大对科研成果产出的激励力度，从多方面提供资金支持，做好创新型人才培养工作。到2020年底，黑龙江省良种覆盖率已达到100%。

2021年5月，省政府办公厅又发布了《关于加强农业种质资源保护与利用的实施意见》，重点强调了对于珍贵濒危种质资源的保护利用，指出要充分发挥政府的主导作用，以科研院所为前沿阵地，依托本省的地理优势发展富有地方特色的种业，争取到2025年，初步建成系统完整、科学高效的农业种质资源保护与利用体系，基本完成珍稀、濒危、特有种质资源收集和保护，深度鉴定评价和综合开发利用有效开展，创新利用能力达到全国先进行列。建成省级农业种质资源保护利用信息管理和服务平台，实现遗传资源鉴定评价数据信息共享共用。到2035年，力争建成系统完善、科学高效的农业种质资源保护利用体系和资源深度鉴定评价体系，使全省农业种质资源保护、评价、创新及利用整体达到国内先进水平。2021年10月11日，黑龙江省农业农村厅印发了《黑龙江省水产原、良种场管理办法》，主要针对水产种质资源的良种化进程提出了发展目标和具体的管理办法。发展目标包括积极开发和保护现有的珍惜、优质水产种质资源，以及大力研发和引进新的优质品种（品系）加强"育繁推"一体化建设；管理办法则规定了水产原、良种场应当具备的基本环境条件、生产设施条件、经营管理水平等。

2022年8月10日，黑龙江省农业农村厅又印发了《黑龙江省关于保护种业知识产权打击假冒伪劣套牌侵权行动实施方案》，提出了"力争到2023年，建立起较为完备的种业知识产权保护制度体系，假冒伪劣、套牌侵权等种子违法行为得到有效遏制；到2025年，种业知识产权保护能力显著提升，种业自主创新环境持续优化"的工作目标。同时，《实施方案》还分别从农业农村部门、法院、检察院、省通信管理局等各个相关单位的角度出发，做出了明确的分工要求，兼顾了方案实施过程中的层次性和统一性。

通过对十八大以来黑龙江省颁布的推动农业良种化发展的政策分析可以看出，这一阶段良种化发展的重点在于自主性的创新研发，黑龙江省一方面通过投入资金，引进人才、设备的方式直接地提高自主创新能力，另一方面开始搭建完整的种业知识产权保护体系，以此保障相关科研人才的成果不被窃取和盗用，从而间接提升科研人才的工作积极性。

### （三）推动农业绿色化发展

相较于农业的机械化发展和良种化发展，农业绿色化发展的相关概念的产生和发展相对较晚。随着全球资源与环境问题的日益严峻，近年来农业的绿色化发展已经成为了国家和社会关注的重点。改革开放以来，黑龙江省政府对于农业绿色化发展方面的支持政策主要可分为三个大方向，首先是强调解决农业资源方面的问题，着力于提升现有能源的利用率以及新能源的开发；其次是强调解决农业环境方面的问题，即有效防治农业环境污染，加强清洁技术的开发和推广；再者是注重绿色农产品方面的问题，注重绿色农产品的生产开发。

就农业资源方面而言。1986年，黑龙江省从农村家用灶入手，大力推广节煤灶，并和包括东北农学院在内的相关科研机构合作，针对农村实际状况开发了多种型号的炕连灶，在节约能源的同时填补了国家炕连灶热性能测试方法标准的空白。1997年11月，黑龙江省政府颁发的《黑龙江省农村能源管理规定》中对于农村居民生活和农业生产中所用能源进行了规定，指出政府相关部门一方面要严格执法，对违规开发、使用能源的行为进行处理；另一方面要通过资金投入、人才引进、产品推广等方式，鼓励支持对现有能源的高效利用，对生物质转化技术的研究以及对太阳能等清洁能源的开发。2004年颁布的《黑龙江省人民政府关于加快农村能源建设的意见》中再次指出，针对愈发突出的能源供给矛盾，要加速对新能源的开发和推广。政府部门应当充分发挥好领导作用，制定行之有效的规划，从简化审批政策、确保资金投入、提升项目效益等方面入手，做好农村农业的能源建设。2008年省政府发布了《黑龙江省农村可再生能源开发利用条例》，在整体重心不变的基础上对1997年发布的《规定》进行完善，并宣布后者正式废止。

就农业环境方面问题而言。1985年3月8日，黑龙江省人大批准施行《黑龙江省水土保持工作实施细则》，明确规定了不得在坡度超过15度的坡地以及生态环境受到严重破坏的区域进行农业的开荒耕种。1993年，黑龙江省人大常委会通过了《黑龙江省农业环境保护管理条例》，其中指出，政府应当加大财政投入，做好政策保障，引进并推广国内外先进的环境治理技术。2011年发布的《黑龙江省农村环境综合整治联合行动实施方案》中犀利地指出了农村环境问题的严峻性和复杂性，即污染源较多、多种污染交加并且影响范围广泛，强调了发展清洁技术的重要性。

十八大以来，习近平总书记把生态文明建设纳入了"五位一体"的总体布局和"四个全面"的战略布局，其中农业绿色化发展作为推动生态文明建设的重要途径，其重要性不言而喻；农业绿色化发展的内涵也在不断地发展。2017年的中央一号文件明确指出，推进农业供给侧结构性改革要实行绿色发展方式，提高农业的可持续发展能力，并强调了要加大对东北黑土地的保护和支持力度。

2018年省政府办公厅颁布了《关于加强农业面源污染防治的实施意见》，强调要构建符合本地情况的科技创新体系，将政府参与的项目和资金整合，捆绑使用，推动资金由"先补助"向"后奖励"转变。同时在税收、用地以及用电等方面采取优惠政策。以此加快对农业废弃物回收利用技术的研发进程，减少对化肥、农药的使用，提升农业用水效率。争取到2020年实现"一控、三减、三基本"的目标，即控制农业用水总量，将农业灌溉地下水量控制在105亿立方米以内，使农业灌溉水有效利用系数达到0.6；减少化肥、农药和除草剂的用量，全省化肥亩均施用量要达到10公斤（折纯）以下，除草剂及杀虫、杀菌剂等化学农药使用量比"十二五"末减少20%以上，肥料、农药利用率均达到42%以上，测土配方施肥技术覆盖率达到80%以上，农作物病虫害绿色防控覆盖率达到40%以上，黑土耕地质量大幅提高；畜禽粪便、农作物秸秆、农膜基本实现资源化利用；畜禽粪污综合利用率达到75%以上，规模养殖场粪污处理设施装备配套率达到95%以上。秸秆综合利用率达到75%以上。农膜回收率达到80%以上。到2019年，黑龙江垦区的高标准农田面积已经达到了2616万亩，占全垦区耕地总面积的59%。这是黑龙江垦区农业推进高质量绿色发展取得的亮眼成绩。

2020年，黑龙江省坚持统筹推进"山水林田湖草"系统治理，并将农业农村污染治理作为难关和要点。2021年4月15日，省农业农村厅以2018年颁布的《关于加强农业面源污染防治的实施意见》为基础，着手对农药包装废弃物污染问题进行针对性解决，制定了《黑龙江省农药包装废弃物回收处理管理办法》。《办法》从政府、市场和污染物处理单位三个角度入手，分别提出了具有针对性的、较为详细的要求。

2021年7月，黑龙江省政府办公厅发布了《关于加快农业科技创新推广的实施意见》，其中重点提到了对黑土耕地的保护和利用问题。《实施意见》指出，应当以本省科研院所为依托，由多部门联合，集中资源打造黑土保护利用研究院，提升科研成果的产出效率和应用转化效率，因地制宜地做好成果推广工作。2021年12月31日，黑龙江省政府办公厅又印发了《黑龙江省"十四五"黑土地保护规划》，专门针对黑土地的保护问题展开讨论。《黑土地保护规划》首先对"十三五"时期黑土地保护的工作成效做出总结，指出截至"十三五"结束，黑龙江省黑土耕地质量等级平均为 3.46 等，比东北黑土区高 0.13 个等级；土壤有机质平均含量 36.2 克/千克；秸秆翻埋还田或深松地块耕层厚度达到 30 厘米以上。但《黑土地保护规划》同时也指出，黑龙江省黑土耕地土壤有机质下降的趋势虽然得以延缓，却没能得到根本扭转，此外，水土流失、生产经营主体参与度不够、组织化程度不足这三个问题也亟须解决。为此，需要以政府引导为核心措施，提高社会关注和参与度，因地制宜地对黑土地进行修复。在黑土地保护面积方面，争取到 2025 年，黑土地保护技术在永久基本农田和划定的"两区"实现全覆盖，黑土耕地保护利用示范区面积达到 1 亿亩，到 2030 年，实施黑土地保护利用示范区面积 1.48 亿亩，基本覆盖典型黑土区耕地。在保护目标方面，到 2025 年，黑土耕地保护利用示范区耕地土壤有机质含量平均增加 1 克/千克以上；旱田平地耕作层平均达到 30 厘米以上，坡耕地、风沙干旱区耕作层平均达到 25 厘米以上，水田耕作层达到 20—25 厘米。到 2030 年，黑土耕地保护示范区土壤有机质平均含量比 2025 年提高 1 克/千克以上。通过土壤改良、地力培肥和治理修复，有效遏制黑土地退化，持续提升黑土耕地质量，改善黑土区生态环境。在保护效果方面，到 2025 年，全省粮食综合生产能力达到 1600 亿斤。

就绿色农产品的生产和加工方面而言，黑龙江省更是一直处于全国领先的地位。1984 年，黑龙江省开展了"无公害"蔬菜新技术开发试验，经过一整年的试点实验和宣传推广，到 1986 年全省 12 个地级市共为市场提供了 19 亿斤"无公害"蔬菜。1994 年 4 月，黑龙江省无污染农产品检测中心被批准成立。截至 2000 年，黑龙江省绿色食品种植面积发展到 50 万公顷，总产量 380 万吨，占全国总量的 28%；产值 70 亿元，占全省农业总产值的 14.9%，并打造出多个全国知名的绿色农产品品牌。2001 年，黑龙江省颁布实施了《黑龙江省绿色食品管理条例》，这也是全国范围内第一个针对绿色食品作出的管理规定，标志着黑龙江省的绿色农产品生产及加工走上法制化道路。除此之外,黑龙江省政府还从完善生产基地设施、打造品牌、精进加工技术和拓宽市场四个方面同时发力,大大推动了本省绿色食品产业的发展。在随后的几年里,黑龙江省坚持"打绿色牌,走特色路"发展战略,取得了长足进步。2010年,全省绿色食品种植面积达406.67万公顷,实物总量2750万吨,实现了总产值750万元的目标。

党的十八大以来,农业绿色化发展被摆在愈发重要的位置,黑龙江省亦是接续推进绿色农产品产业的迅速发展。到2017年,全省绿色食品作物种植面积220万公顷,占垦区种植面积76.3%;有机作物认证面积15.4万公顷,占垦区农作物种植面积5.3%。2020年3月12日,为了扩大省内有机农业的经营规模,提升有机农业的效益,增加有机农产品的产量,黑龙江省农业农村厅印发了《关于推动黑龙江省有机农业发展的指导意见》。《指导意见》提出到2025年,全省有机农产品认证面积达到1000万亩,比2019年增加53.8%,建设65个有机农业示范基地和50个有机农庄(场),并打造出一批全国知名的黑龙江有机农产品知名品牌的目标。为了实现这一目标,需要充分发挥黑龙江省的地理、原料优势,首先提高有机农产品的质量和供给能力,在此基础之上,要做好市场营销管理,进而扩大黑龙江有机农产品的品牌影响力。

2021年1月12日,黑龙江省农业农村厅又印发了《关于进一步加强绿色食品和有机食品质量管理的意见》,决定重点推行基地准入制度、基地经营主体名录制度、投入品清单公示制度、投入品使用监管巡查制度、产品抽检制度、认证现场检查与核查制度、获证产品公告制度、绿色食品基地管理员注册制度、质量管理责任追究制度、基地管理通报制度等十项绿色食品和有机食品管理制度,同时还采取了多种措施保证上述制度的实施效力。10月26日,省农业农村厅印发了《黑龙江省"十四五"绿色食品产业发展规划》,一方面对发展现状进行了总结,另一方面针对面临的问题提出未来规划,指出靠单纯规模扩张和投资拉动的增长方式已经难以为继,并且在疫情冲击下,食品安全标准的提升以及市场拓展的困境都成为了亟待解决的问题，黑龙江省在贯彻以往绿色农业发展政策的同时，也要注意创新，尤其把重点放在利用大数据扩大市场方面。

### （四）推动农业信息化发展

伴随着信息技术在世界范围内的蓬勃发展，其在农业领域的应用也得到了广泛的开发。2005年，中央1号文件正式提及要推动农业信息化发展，农业信息技术也开始以前所未有的速度在全国范围内得以深耕和推广。在这一领域，黑龙江省可以说始终走在时代前列，高度重视农业信息技术对农业生产的推动作用。

早在1987年初，黑龙江省政府就与当时联邦德国诺曼基金会签署了协议，构建农业经济技术信息系统。到年底，部分信息处理设备的引进和相关人员的培训工作已经完成，覆盖全省的大豆生产综合数据库得以建立。1988年至1989年，全省共230万亩耕地推行了"微机推荐玉米优化配方施肥"，利用计算机技术实现了宏观预测玉米产量，其准确度接近90%。1994年，在诺曼基金会的援助之下，省级农业信息中心建设已初具规模。到1994年7月，省农业信息中心和农业部信息中心联网正式投入运行，这也标志着中央各部委和各省、市、自治区之间农业信息的通道成功打通。2001年5月18日，黑龙江省"农业谷物及制品质量监督检验测试中心"网正式开通，除了对于农产品的检测鉴定业务外，还提供包括美国小麦质量年报、加拿大谷物质量年报在内的多种类数据信息。并下设优质农产品信息网，方便农业领域相关人员进行信息查询利用。

2015年9月，黑龙江省政府贯彻党中央发展"互联网+"现代农业的指示，颁布了《黑龙江省"互联网+农业"行动计划》。《行动计划》中提出，应通过加强组织领导，做好相关基础设施建设，开展试点示范，并加大相关宣传力度等途径，推动数字农业的发展。做到以信息技术为引擎，全面提升农业生产体系、产业体系以及经营体系的现代化程度，提高农业生产效率和社会效益。2015年，黑龙江垦区新增252套GPS卫星定位系统,农业信息化程度有了飞跃性提升。垦区内63家企业应用了农产品质量追溯系统。2016年4月,省政府办公厅印发了《黑龙江省加快农村电子商务发展工作方案》,着重针对农村电子商务的发展做出规划,提出通过培养农村电子商务人才,加大资金投入等方式,"到2020年,初步建成统一开放、竞争有序、诚信守法、安全可靠、绿色环保的农村电子商务市场体系。"增大农村电子商务的覆盖区域,丰富其流通的农业相关物品、产品种类,增强农业生产、运输及销售环节的关联性,实现良性循环。2019年6月,省政府又发布了《"数字龙江"发展规划(2019—2025年)》,提出打造全国数字农业先导示范区。

2021年7月,立足于"十四五"新征程的起始阶段,黑龙江省政府办公厅发布了《关于加快农业科技创新推广的实施意见》,接续推动农业科技再上新台阶。《意见》明确提出,要在发展数字农业上有所突破,争取到2025年全省农业科技进步贡献率达到71.8%以上。同年12月17日,省农业农村厅印发的《黑龙江"十四五"农业科技发展规划》中将发展数字农业作为"十四五"期间的主要任务之一,提出要提升农产品生产、运输、销售全流程的数字化水平,并且先开展试点示范工作,之后逐渐实现规模更大的、智能化程度更高的、多种技术交叉应用更成熟的数字农业。《发展规划》同时提出了到2025年,建立健全数据采集系统,农业生产、经营及管理的数字化水平显著提高,农业数字经济比重持续上升的发展目标。

### (五) 小结

从改革开放之初到1995年,是黑龙江省农业科技发展的奠基阶段。在这一阶段,黑龙江省政府立足于本省实际状况,深入贯彻落实党中央"科技兴农"的战略。省政府针对本省农业机械化程度不高、农业种质资源品质有待提升的问题,坚持以推动农业机械化发展为主线,以推动农业良种化发展为助力,一方面充分利用外资,大力引进国外先进的农机设备和优质的种质资源，另一方面着手于对现有农机具的改造。到1995年底，黑龙江省的农业机械化程度有了显著提升，良种化工程推进顺利，为之后农业的蓬勃发展奠定了坚实基础。

从1996年到党的十八大，是黑龙江省农业科技发展的快速腾飞阶段。在这一阶段，随着党中央"科教兴农"战略的实施，农业科技的研发创新与实际应用之间架起了一道桥梁，农科教体系得以进一步完善。为深入贯彻落实党中央的指示，黑龙江省政府出台了多项政策，通过加大资金投入力度、引进专业型人才等方式有效提高了农业科技创新水平，并通过广泛开展试点的方式，一方面完善了科技创新成果的评价指标，另一方面加速了科技创新成果在实际农业生产中的效益兑换。农业生产力得到了飞跃式的发展。与此同时，农业的"规模化"以及"产业化"发展也成为了这一时期的主要特点之一。以党的十八大为全新开端，黑龙江省农业科技发展进入转型突破阶段。在这一阶段，黑龙江省政府一方面接续推进农业机械化和良种化发展，保证了农产品产量的连年稳步增加，为国家粮食安全做出了不可忽视的贡献；另一方面开始将支持本省农业的绿色化发展和信息化发展作为重点，把信息技术运用到农业的生产、运输以及销售的各个环节中，有效提升了农业产业链的关联性和延展性，同时以绿色发展为导向，使本省农业朝着可持续、高质量的方向前进。

总而言之，改革开放以来，黑龙江省政府颁布的农业科技支持政策具有稳中求进、因地制宜的特点。首先就帮扶政策的措施而言，主要在于加大资金投入、培养和引进出色人才以及确立相关制度保障等。其次就科技支持政策的针对方向而言，农业机械化和农业良种化是自改革开放以来长久不变的发展重点，是农业现代化的基础性工程；而农业绿色化和农业信息化是近年来的新兴热点，也是未来农业发展的必然方向。在巩固基础的前提下与时俱进地推进农业转型，是改革开放以来黑龙江省政府颁布农业科技支持政策的宏观思路。

## 二、黑龙江省的财政政策

改革开放以来,"三农问题"始终是党中央和黑龙江省政府密切关注的重点。而推动农业的发展则在提高农民生活水平,解决农村地区发展迟滞落后的问题上扮演着破局者的角色。然而,由于我国人均耕地面积较少,农业资源并不丰富,而传统的农业生产本身又在很大程度上受到自然条件的限制,外部支持就成为了推动农业发展至关重要的动力。而以政府为主导的财政支持政策毫无疑问是最直接有力,也是覆盖领域最为广泛的扶持政策。对于黑龙江省政府颁发的财政支持政策的大体分类,如图 3-2 所示。

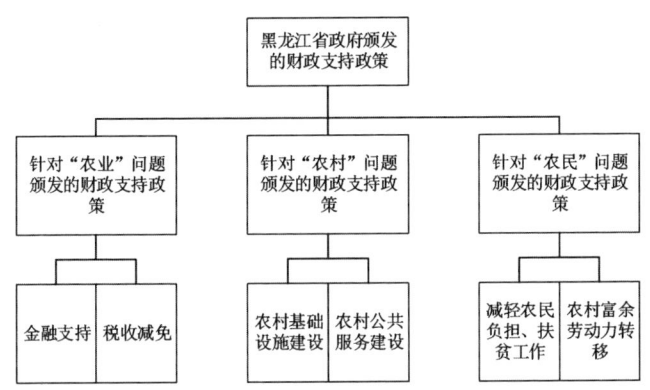

图 3-2　黑龙省政府颁发的财政政策

### (一) 针对"农业"问题的财政政策

需要重点强调的是,为了与科技支持政策和人才支持政策中的财政部分相区别,避免重复阐述,此处针对农业问题的"财政支持政策"重点指向涉农的金融支持政策以及对于农业相关税收的减免政策。

20 世纪 80 年代中期开始,为应对农村经济环境的变化,农村合作基金会在全国范围内广泛成立。对此,黑龙江省政府积极响应,自 1986 年开始实行了农村合作基金会的试点工作,并在随后的几年逐渐推广。1989年,黑龙江省农村合作基金会以借贷的形式,共支持65万个农户、1560个乡村企业发展生产,全年资金周转总量达到16127万元。到20世纪90年代末,各级农村合作基金会在全国范围内被逐渐取消。"十五"计划之初,农业税改革就作为党中央关注的重点被深入推动落实。根据国家政策,2003年6月25日,黑龙江省本年度决定调整农业税计税主粮价格、水稻折合计税主粮(玉米)价格比例和农业特产税政策。通过调整,农民负担将进一步减轻22679万元。2004年开始,全国范围内开展了选定取消农业税试点的工作。2004年10月,黑龙江省政府作为全国率先开展免除农业税的省份之一,印发了《黑龙江省全部免征农业税改革试点工作方案》,规划分3个阶段,到2005年3月底完成免征农业税改革,大幅提升农民参与农业生产的积极性。同年12月,省政府颁布了《关于进一步做好全省农村信用社改革试点工作的通知》,决定由省政府设立4亿元专项资金,用于对农村信用社增资扩股的补贴。并强调要做好对资金使用的监督和管理,为农村信用社改革创造宽松条件。

2012年10月,省政府办公厅又颁布了《关于金融支持我省现代农业发展的意见》,指出黑龙江省正处于向现代农业转型的关键时期,应更加注重金融支持的作用,尤其是要加大对农业信贷的支持力度。2013年,经国务院批准通过,《黑龙江省"两大平原"现代农业综合配套改革试验总体方案》开始正式实施,也标志着黑龙江省的农业现代化建设进入到关键阶段。在这一阶段,省政府采取了多项财政扶持措施,力图通过保障农民收益,提高农民积极性,让农民有能力、有意愿地投入到农业生产中,促进农业蓬勃发展。2014年4月,省政府颁布了《关于促进农业保险发展的若干意见》,提出要加大对保费的财政补贴力度,实现"到2015年实现种植业保险全覆盖,到2020年养殖业保险实现应保尽保"的目标。同年7月,省政府办公厅印发了《关于印发创新农村金融服务推进方案的通知》,提出各农村地区要结合当地实际,充分发挥市场机制的调节作用,进一步推进农村金融服务的改革创新，进而为"两大平原"地区的农业发展提供源源不竭的后备动力，争取实现到2015年，涉农贷款保持年均18%以上增长的目标。

2016年"十三五"规划开始实施，黑龙江省政府依然将农村金融作为支撑现代农业发展的主要支点，接续出台了支持政策。2016年3月，省政府办公厅印发的《黑龙江省农村承包土地的经营权和农民住房财产权抵押贷款试点实施方案》提出，要循序渐进地在更多试点县建立完善的"两权"抵押服务体系，提升"两权"抵押贷款总量，提高不附加其他担保条件的"两权"抵押贷款余额占比，进而实现基本满足各类农业经营主体多元化融资需求的目标。而同年10月省政府办公厅印发的《黑龙江省农业信贷担保体系建设实施方案》，以及2017年9月颁布的《关于加快推进我省农村信用体系建设的指导意见》，均是着力于对农业信贷体系的进一步完善和发展，进而为农业发展创造动力。到2019年底，黑龙江省种植业政策性保险承保1.3亿亩，种植业大灾保险承保面积1025万亩，养殖业政策性保险承保65万头，农村金融改革成效显著。

2020年2月，为应对新冠疫情对黑龙江省农业生产造成的冲击，省政府办公厅颁布了《关于应对新型冠状病毒肺炎疫情支持农业稳产保供的意见》，提出在短期内应通过适当下调贷款利率、完善续贷政策、增加信用贷款和中长期贷款等方式，保证相关产业的正常有序生产，并根据国家政策的要求，对黑龙江省的农业财政支持政策做出调整。2021年5月17日，黑龙江省农业农村厅、黑龙江省财政厅共同颁布了《关于加强高标准农田项目工程设施建后管护工作的意见》，意在为加强全省高标准农田项目工程设施建后管护工作。《意见》明确了市、县、乡镇以及村民委员会各级部门的职责，同时指出各地要根据财政事权划分和受益群体等因素，多渠道筹措管护资金，建立稳定的管护经费保障机制。各地区的农田项目工程设施建后管护工作所需的资金应当为专款专用，不得随意挪用。2022年8月31日，为规范和加强财政支农项目管理，提高资金使用效益，黑龙江省农业农村厅印发了《黑龙江省农业农村厅财政支农项目资金管理办法（试行）》。《资金管理办法（试行）》大体上共分为总则、监管职责、支持范围、前期工作、分配下达、信息公开、绩效管理、监督检查、附则九个章节，详细地对支农项目资金的申请条件、申请流程和所需文件做出了说明，并且明确了省内各级农业农村部门和省农业农村厅内对于此项资金的权能和职责分配，加强了对于资金使用的监管力度。

## （二）针对"农村"问题的财政政策

农村是农民所生活的现实场所，农村社会的运行方式也是农民的生活方式以及价值观念的集中体现。正确处理好农村问题，一方面有利于提高农民的生活水平，另一方面也有利于为现代农业的进一步发展破除障碍，可谓是一举多得。改革开放以来，黑龙江省针对"农村"问题的财政支持政策主要可分为以下两个方面。

首先是对于农村基础设施建设的财政支持，其具体方向包括交通、水电以及房屋住宅等。"六五"计划期间，黑龙江省村镇道路共修筑2500万延长米。至1985年末，全省20.8%的农民吃上了自来水。1979至1989年，全省农村累计有120万户农民翻建新房，建筑面积累计达8000万平方米，占农村总户数的30%。2000年，黑龙江省修建桥涵闸等建筑物工程1.03万座，道路0.28万公里，新打机电井0.45万眼。2004年黑龙江省在全国范围内率先停征农业税后，为做好农村建设，进一步改善农民的生产生活条件，又逐步建立和完善了农村小型公益事业建设筹补结合、以奖代补制度。从2004年开始，由省政府每年安排1亿元左右资金，用于农村基础设施和公共服务建设，并鼓励村民投入到农村建设的议事之中。根据省农业委员会发布的《关于筹补结合规范管理推进农村小型公益事业发展的报告》，到2005年，全省村屯修建红砖、砂石路6.2万公里，植树造林筹集投入1100万元，农田水利建设投入2300万元；投入350万元改造自来水，解决了320个行政村饮水问题，使100万农民受益；投入210万元改善村屯卫生环境450项，清理垃圾5000吨，使800个村屯村容村貌得到改善，240万村民受益。

"十三五"规划时期，省政府大力推进农村地区公路建设，颁布了多项财政支持政策。2018年12月3日，省政府办公厅颁布《关于加快全省农村公路危桥集中改造的意见》，要求县级政府在国省资金补助的基础上，自行筹措好资金，做好公路危桥修缮工作。争取到2020年，集中改造危桥2600座，现有危桥存量降低50%以上。同年12月30日，省政府办公厅又发布了《关于深入推进"四好农村路"建设的实施意见》，提出将农村公路管理、养护经费均纳入公共财政投入，到2020年前全面完成乡镇、建制村"油返砂、畅返不畅"路段整治，全面完善农村公路网络。

其次是对于农村公共服务建设的财政支持，其具体方向包括教育、社会保障以及文化事业等。

改革开放以来，针对农村地区文化教育水平普遍低下、教育资源较为匮乏的问题，黑龙江省政府颁布了多项财政支持政策，分为职业教育和义务教育两个方向，力图实现提高教育普及程度、提升教育质量的目标。为了避免和人才支持政策部分的内容产生重复，此处主要针对义务教育方向进行阐述。

2004年，黑龙江省政府颁布了《关于进一步加强农村教育工作的意见》，提出从2004年9月起，在全省范围内实行义务教育学校的"一费制"收费管理，严禁乱收费。除此之外，应以县级政府为主体，加大教育资金投入，完善资金管理制度，争取到2007年全面普及九年义务教育。同年10月，省政府印发的《关于印发黑龙江省全部免征农业税改革试点工作方案的通知》中同样提及了在教育领域的财政投入问题，《通知》指出，政府对于教育经费的投入相较于免征农业税之前不应有所降低，并且教育财政拨款的增长应当高于财政经常性收入的增长，以确保教师工资和学生人均公用经费逐步增长。2007年，省政府印发了《黑龙江省农村义务教育经费保障机制改革实施方案》，《方案》要求进一步增加对农村义务教育的经费投入，全部免除农村义务教育阶段学生学杂费，并对家庭贫困的学生给予额外的补贴，从2007年起逐步提升义务教育阶段的经费保障水平。2011年，国务院办公厅发布《关于实施农村义务教育学生营养改善计划的意见》，提出要改善农村地区学生就餐条件，提高餐食营养水平。黑龙江省政府积极响应，颁布了多项政策以推动营养改善计划的实行，并于2021年批准建立了黑龙江省农村义务教育学生营养改善计划联席会议制度。

在社会保障方面，2004年10月，省政府印发的《关于印发黑龙江省全部免征农业税改革试点工作方案的通知》中指出，要进一步完善农村五保户保障制度，确保农村分散供养的五保户补助资金及时足额发放。试点地区的所需资金应由省级、市级财政予以适当的支持。2009年8月，黑龙江省政府颁布了《关于当前稳定农业发展促进农民增收的意见》，重点提出要在农村医疗保障和养老保障方面取得突破，全力实现全省新型农村合作医疗覆盖率保持在100%，参合率提高到98%的目标，并全面贯彻落实五保供养政策。同年12月，黑龙江省政府又颁布了《关于开展新型农村社会养老保险试点的实施意见》，提出由中央财政和地方财政分别予以补贴，推动新农保的大范围普及，争取实现年内参保人数占全省农村居民总人口的10%以上的目标。2020年5月，省政府办公厅转发了《关于加强农业农村标准化工作的实施意见》，文中着重强调要做好乡村地区的养老、医疗以及公共卫生领域的工作，提高农村地区社会保障水平。

### （三）针对"农民"问题的财政政策

农民作为从事农业生产的主体人群，其职业技能水平和生产积极性的高低是事关我国粮食安全的重点所在。进一步提升农民群体的生活水平，也是我国在实现共同富裕目标的道路上一个绕不开的问题。改革开放以来，黑龙江省政府针对"农民"问题颁布的财政支持政策主要指向减轻农民负担、扶贫以及农村劳动力转移这三个方向。

## 第三章 改革开放以来黑龙江省农业政策的演变

改革开放初期，随着家庭联产承包责任制的推广以及农业机械化程度的快速提升，黑龙江垦区依托其独有的地理优势迎来了农业生产上的迅速发展，但部分偏远农村地区的农民收入依然较低，贫困人口所占比例较大。1984年，中共中央、国务院下发了《关于帮助贫困地区尽快改变面貌的通知》，在随后的1986年，中央又成立了国务院贫困地区经济开发领导小组，将农村扶贫正式列入政府行为。对此，黑龙江省政府积极响应，设置了专项资金用于农村扶贫工作，并由专职部门对资金的使用进行管理。1986年黑龙江省共统计了10个地级市的扶贫情况，有2.7万名干部深入灾区，对30多万户农村家庭进行精确扶持，有效地改变了农村地区的贫困状况。1994年，国务院决定实施《国家八七扶贫攻坚计划》。黑龙江省政府深入落实党中央精神，结合本省实际状况，颁布了《黑龙江省七年扶贫攻坚计划》。《计划》指出，应当进一步加大扶贫资金的投入力度，提高对扶贫资金的利用效率。逐步形成以政府为主导，社会多方力量参与其中的扶贫模式。

2001年，黑龙江省政府制定了《黑龙江省农村扶贫开发纲要（2001—2010年）》，提出到2010年实现373万贫困人口全部脱贫。2002年10月，省九届人大常委会通过了《黑龙江省农村扶贫开发条例》，这也是全国新时期扶贫开发的第一部地方性法规，其中强调要加大资金投入力度，做好专项资金监管，将农村中人均纯收入连续3年低于国家规定标准，具有劳动能力的贫困农户，经个人申请，村民大会或者村民代表大会讨论通过，张榜公布，报乡（镇，下同）人民政府审核，由县人民政府批准后，确定为扶贫开发工作的主要对象。除此之外，还应当把农村残疾人的扶贫工作统一纳入规划之中。2002年到2005年期间，全省分两批，集中扶持了1032个重点村，平均每个村扶贫资金投入达185万元，整体效果十分可观。2006年6月，省政府办公厅转发了《国务院办公厅关于做好当前减轻农民负担工作的意见》，提出结合本省实际情况，确切落实农民减负政策，严格防止政策形式化、乱收费现象的出现。同时，还应重点注意防止农民负担反弹。2009 年 1 月，黑龙江省政府办公厅又发布了《关于进一步做好减轻农民负担工作的通知》，在肯定前一阶段减轻农民负担工作取得可喜成效的同时，也指出了工作中存在的问题。《通知》提出，要通过提高重视程度、突出重点领域、加强领导能力等方式，严格防止违法加重农民负担的行为出现，真正做到减轻农民负担且不反弹。

党的十八大以来，黑龙江省政府接续推进减轻农民负担工作。2013 年 1 月，黑龙江省政府办公厅印发了《黑龙江省农村残疾人扶贫开发纲要（2011—2020 年）》，提出要以政府为主导，做好分级负责工作，一方面通过加大财政支持的方式推进针对农村残疾人的公共服务平等化，另一方面做好对农村残疾人的职业技能培训工作，使得残疾人有信心、有能力投入到脱贫致富的工作当中。争取实现到 2015 年，残疾人生活总体达到小康，基本生活得到稳定的制度性保障，参与社会和自身发展状况显著改善，残疾人社会保障体系和服务体系基本框架建立，保障水平和服务能力明显提高；到 2020 年，全面保障农村残疾人平等享受基本医疗、基本养老、教育和康复服务，农村残疾人家庭收入达到或接近当地平均水平的总体目标。

2016 年，省政府办公厅又印发了《黑龙江省加强农村最低生活保障制度与扶贫开发政策有效衔接工作实施方案的通知》，强调要实现农村低保与扶贫政策的有效衔接，与时俱进地动态调整低保以及扶贫标准线。实现到 2017 年末，基本完成农村低保与扶贫开发在标准、对象、程序、信息等方面的衔接，农村低保标准不低于同期全省动态调整后的扶贫标准；到 2019 年，实现全省社会救助主要指标达到全国平均水平，全省基本消除绝对贫困现象；到 2020 年，进一步巩固社会救助和扶贫成果，实现贫困群众同步迈入小康的最终目标。2018 年 6 月，黑龙江省政府办公厅又颁布了《关于进一步加强农村最低生活保障制度与扶贫开发政策有效衔接的通知》，主要对之前颁布的实施方案进行深入说明，并对实施方案过程中出现的一些问题进行解决。

与此同时，伴随着现代农业的不断发展，农业机械化水平的不断提高，农村富余劳动力也在持续增加，农村劳动力的转移问题日益受到人们的重视。从2015年到2019年，黑龙江省农业从业人员数量由642.5万人下降为595.4万人，共减少了47.1万人，同比下降7.33%。对此，黑龙江省政府一方面加大对农民工技能培训资金的投入，提高进城农民工生活保障水平；另一方面大力推进产业融合，引导农村富余劳动力从种植业转向其他产业。例如，2004年开始，黑龙江省政府实施的"雨露计划"，就是通过对农村贫困户富裕劳动力的培训以及教育，做到在推进扶贫工程的同时实现转移就业的目标。

党的十八大以来，黑龙江省政府立足于新发展形势，针对农村富余劳动力转移问题接续颁发了多项政策。2015年4月，省政府颁布了《关于进一步做好为农民工服务工作的实施意见》，《意见》中指出，应由政府为主导，加大经费投入，提高农民工享受的公共服务水平。同年11月，省政府办公厅又颁布了《关于支持农民工等人员返乡创业的实施意见》，提出到2017年底前，每个县（市、区）至少建成1个农民工等人员返乡创业园区或返乡创业孵化基地；全省创建20个电子商务进农村综合示范县；实现全省农民工等人员5万人返乡创业，带动就业15万人。

### （四）小结

总体而言，改革开放以来，黑龙江省政府颁布的农业财政支持政策数量众多，但整体条理并不混乱，其主要具有以下两个鲜明的特点。

第一是覆盖面广泛。正如前文所说，出于农业本身具有的重要性和弱质性，由政府主导的财政支持是其发展的最主要动力。而"三农"问题本身涉及的领域又极其广泛，因此针对"三农"问题而颁布的财政支持政策的面向也十分多样。

第二是连贯性较强。除去黑龙江省政府为应对特殊情况而颁布的政策文件，绝大多数的财政支持政策都是针对"三农"领域的重大问题而颁发。而这些问题往往是需要政府进行循序渐进地跟进处理的，难以在短时期内得到根本解决。因此，黑龙江省政府颁发的财政支持政策虽然具有一定的阶段性和差别性，但整体来看逻辑较为连贯，目的明确，处于一个不断深入的过程。并且其方向性并无大的变化，只是针对不同的实际状况和政策实施情况而做出微调。

## 三、黑龙江省的人才政策

人才是引领农业科技创新的先驱者，亦是踏足农业实地生产的践行者。改革开放以来，黑龙江省政府认真贯彻党中央的指示，同时结合本省农业领域发展的实际情况，制定了引进与培养并重的人才支持政策，取得了显著成效。一方面，通过教育、培训等手段提升农民的职业技能水平；另一方面，通过政策激励吸引更多高学历、高水平的外来人才投入到农业科技研发、推广和乡村治理当中。

1978年党的十一届三中全会之后，在党中央的正确领导和大力支持下，黑龙江省政府开始着手于对农业科研院所的重建。1978年，省农场总局党委发布了《关于组织整顿科研机构和定编的通知》，提出要构建一批专业的和综合的科研院所。自这一年起，黑龙江省政府加大了对科研人才的政策激励力度，在职称评定、工资待遇等多方面给予科研人才照顾，有效提高了科研人员的积极性，并显著地提升了科研成果的产出效率。1978年到1979年两年间，垦区共产出101项科研成果；黑龙江垦区科研进程落后、人才储备匮乏的局面得到了初步改善。1984年，为应对黑龙江垦区科技人才总数量依然较少，尤其是高科技人才严重不足的问题，省政府制定了"科教兴垦"战略，提出"提高科研水平、加速成果转化、增强科研后劲、扩大经济效益"的目标。以此为指导，黑龙江垦区的大量科研人才投身到农业实地生产的指导当中。1986年，全省范围内举办农业技术培训班达9900多次，共有278万人接受培训，并培训技术骨干10万多人次。到

1990年，黑龙江垦区农业科技进步贡献率达到了51%。

1990年10月，为贯彻落实党中央"科技兴农"的思想，省政府颁布了《黑龙江省农业技术推广条例》，提出要扩展农业技术推广队伍，提高农业技术推广人员的专业水平。1992年，黑龙江省农垦总局发布了《关于进一步加快垦区科技进步的决定》，着重指出要提高科技人才待遇，提高人才积极性。随后的1993年被省农垦总局定为垦区科技人才年。1997年，黑龙江省政府又在《黑龙江省农业技术推广条例》的基础之上进行了丰富和调整，特别强调了要提高农业技术人才的工资收入和生活保障。在省政府对农业科技人才的高度重视和政策激励之下，到1995年，黑龙江垦区的农业科技创新体系大幅完善，粮食产量首次突破百亿斤。1995年后，伴随着党中央"科教兴农"战略的提出，农业科研与农民的职业技能教育以及技术人员的培养之间的关系变得更加密切。2000年4月，黑龙江省政府在其颁布的《关于黑龙江省农业和农村经济结构战略性调整的意见》中指出，要做好对农民的技能培训，提高农民对于高科技成果的运用能力，争取实现到2000年培训550万人次以上，每15个农户有1名获"绿色证书"农民的目标。2004年，黑龙江省政府颁布了《关于进一步加强人才队伍建设若干政策的推进落实方案》，其中提出了"村村大学生培养计划"。即依托省内农业高校和研究机构，向农村生源进行定向招生，着重培养实用技能和专业技能，毕业之后安排其回到农村工作；争取5年内招生达到万人。

2008年6月，省政府又颁布了《关于深化改革加强基层农业技术推广体系建设的实施意见》，指出应制定并落实激励政策，鼓励农业院校毕业生前往乡村就业。并且改革用人机制，由固定用人逐渐转向合同制用人，完善科技人才的考核评定体系，进而提升科技人员的综合素质，提高科技成果的产出效率。这一年，黑龙江省先后开展了送科技下乡活动，实施新型农民科技培训工程和农村实用人才创业培训，共培训农民557.5万人次。在这一时期，教育、科研以及技术的推广应用之间形成了动力强劲的良性循环，大大提升了农业生产效率和效益。2010年，黑龙江省举办各类农业科技培训班 2238 期，并充分利用多媒体平台，通过电视、光盘、广播等媒介开展农业技术教育，培训农民总人数达到 562.9 万。截至 2010 年底，全省农业科技贡献率上升至 59.5%。

十八大以来，黑龙江省政府积极响应党中央"加快发展现代农业""大力培育新型职业农民"的指示，始终将农业人才的培养与引进作为工作重点。2012 年 3 月，黑龙江省农垦总局印发的《黑龙江垦区农业科技促进年活动实施方案》中指出，做好人才培养工作是推动现代农业发展的关键所在，要兼顾对科研人才和实用人才的引进及培养，同时做好农技推广队伍的建设。2017 年 1 月省政府颁布的《关于加快新型职业农民培育工作的意见》指出，应当通过政策引导的方式鼓励农民自愿参与技能培训，并提高培训质量，与时俱进地培养出具有充足自我发展能力以及良好经营管理水平的新型职业农民，争取到 2020 年实现我省新型经营主体带头人轮训一遍和培养出一大批现代青年农场主，使新型职业农民总数达到 10 万人。2020 年，黑龙江省政府印发了《2020 年黑龙江省高素质农民教育培训实施方案》。《方案》提出，以新型农业经营主体带头人、扶贫攻坚带头人、返乡创业带头人、种养加能手等为重点培育对象，采取"委托+政府采购"的组织形式，分区域、分类别、分模块开展高素质农民培育，共培育 2 万人。此外，这次教育培训还通过多个主流媒体平台展开远程教学，以直播形式实现资源的最大化利用。这一年度全省共培训高素质农民 7960 人，农业科技进步贡献率达到 76.3%。

总体来说，改革开放以来，黑龙江省政府一直高度重视农业人才在推进农业现代化建设中的作用，一方面紧扣引进人才和培养人才这两个着力点，增加人才储备量；另一方面通过提高待遇、鼓励良性竞争的方式，提高科研人员的成果产出效率。以双管齐下的方式，行之有效地推动了本省农业的快速发展以及农村的高效治理。

## 四、黑龙江省的土地政策

土地问题一方面事关农业生产资料的分配,另一方面又涉及农业生产关系的调整,一直是我国农业领域的核心问题之一。改革开放以来,黑龙江省政府始终高度重视土地问题,颁发的土地政策大体呈现出"改革—稳定—微调"的趋向,有效推动了农业生产力的发展和农业生产效益的提高。

改革开放初期,是黑龙江省政府颁发的土地政策的"改革"阶段。改革开放前,受到平均主义主导的分配方式影响,黑龙江省的农业生产力发展受到了限制。20世纪60年代初,虽然也有部分刺激农民生产积极性的政策出台,但受到当时一些政治因素的影响,都未能长久地实施下去。1978年党的十一届三中全会上提出,要"坚决纠正平均主义……实行超产奖励",这也拉开了全国范围内土地关系变革的大幕,土地经营权开始交至农户手中。对此,黑龙江省政府深入贯彻落实党中央的指示,于1979年末恢复并改进了改革开放前的"包、定、奖"责任制。即以生产队、户或者个人为单位,规定农产品的产量,规定生产资料的投入数量,对按期完成任务的单位予以额外提成奖励,对没能按期完成任务的单位予以处罚。1980年,黑龙江省农场总局将党中央的指示与垦区实际相结合,决定对垦区内农场职工试行专业承包与联产计奖赔的浮动工资制。到1982年,以浮动工资和超利分成为核心的联产承包责任制得以正式确立并广泛推行。联产承包责任制通过将员工自身利益与农业生产效益相挂钩,有效提升了农民的生产积极性。1983年5月,黑龙江省人民政府下发了《关于切实加强对土地管理方针、政策和法规的宣传工作的通知》,《通知》要求今后每年都要在春耕前后集中一段时间开展土地国策和土地法规的宣传教育活动,并强调应当长期开展,以实际效果作为衡量活动开展水平的根本标准。以此为开端,黑龙江省各地积极开展了土地问题清查解决工作,利用多种媒体渠道加大土地政策及法规宣传力度。1984年全省受到土地法规宣传教育的人数，占全省总人口的70%，并开发废弃和闲置土地共270万亩。1984年，中央一号文件指出，要"实行联产承包责任制，办好家庭农场"。黑龙江省政府积极落实国家指示，采取了包括完善土地承包制度以及农机具分配制度在内的多种措施，大力兴办家庭农场。在随后的几年中，黑龙江省政府又颁发了多项政策，不断地对家庭农场制度进行了完善，进一步推动土地所有权和经营权的分离。到1996年，黑龙江垦区内的家庭农场数量已经达到了20.3万个，所承包耕地面积占垦区耕地总面积的93.5%。农民生产积极性和农业生产力都得到了大幅提升。

进入21世纪，黑龙江省政府颁发的土地政策进入到一个走向相对平稳的时期，其出发点主要在于解决各地区落实政策过程中出现的实际问题。2004年5月，黑龙江省政府办公厅印发了《关于妥善解决农村土地承包纠纷问题的若干意见》，指出应当以《土地承包法》和中央有关文件为依据，在维持土地承包关系的长期稳定的基础上，因地制宜地对土地承包纠纷问题进行处理。并强调要坚决保护农户的土地承包经营权。2008年12月，省政府办公厅又发布了《关于切实做好土地权属争议调解处理工作确保农村社会稳定的通知》，针对农村地区土地权属纠纷问题做出强调，从宏观角度指出要重视土地权属问题，并健全处理纠纷问题的机制，提高工作水平。2010年8月，黑龙江省政府发布了《关于加强和规范农村土地整治工作的意见》，重点提出要实现"耕地增加、粮食增产、农民增收"的目标，以土地整理复垦项目为平台，开启多方面综合整治，推进农业基础设施建设。同年11月省政府办公厅发布的《关于整体推进农村土地整治示范建设的实施意见》从财务和制度两方面做出要求，明确了土地整治工作的具体目标和实施要求。

党的十八大以来，伴随着现代农业的发展，包括农机具、科研设施等在内的农业生产资料的集聚性增强，其大规模转移也成为了趋势。而大量农业生产资料的转移需要同样成规模的土地和农业生产经营组织作为载体。因此，黑龙江省政府颁发的土地政策在以维持土地承包关系的长期稳定为基础的同时，力图与时俱进地推动农业耕地的规模化、高效化、绿色化发展。2013年9月，黑龙江省农垦总局依照党中央指示，颁发了《关于进一步完善土地承包制度加强农工负担监管的意见》，指出垦区内"规模田"所占面积不应低于耕地总面积的40%，"机动地"所占面积不应超过耕地总面积的20%。并着重强调要保护垦区职工的合法权益不受损害，提高农民的生产积极性。

2016年4月，黑龙江省人民政府办公厅颁发了《黑龙江省农村土地承包经营权确权登记颁证工作方案》。《方案》要求做好对农村家庭承包经营耕地和除此之外的集体资源性资产的登记颁证工作，全面明确土地承包和资源归属关系。同年11月，省政府又颁发了《关于加强和规范农村土地整治工作的意见》。以4月份的《方案》中所要求的工作为基础，《意见》指出要"建设耕地连片集中、基础设施配套完善、旱涝保收、稳产高产、生态友好的高标准农田"。2017年，省委、省政府着手推进农村土地的确权登记工作，成立了专门小组负责整体统筹规划，并通过在基层开展培训的方式有效提升了工作效率，截至年底，接近96%的农村集体土地面积已经完成了确权登记工作。2018年6月，黑龙江省政府发布了《关于加强和规范农村土地整治工作的意见》。该文件是对2016年《关于加强和规范农村土地整治工作的意见》的持续跟进，并提出了到2020年，要完成国家"十三五"土地整治规划和黑办发2015年18号文件确定的高标准农田建设任务。

2022年6月23日，黑龙江省农业农村厅发布了《黑龙江省高标准农田建设规划（2021—2030年）》，其中指出本省耕地的集约化程度不高，分散经营的各个农户由于生产需求和物质条件均有差异，难以寻找到利益上的平衡点，推进集中连片经营。为解决这一问题，《规划》提出应当大范围地做好农业生产的基础设施建设，同时推进农田示范工程，一方面普遍提升农户的实际生产条件，另一方面使他们看到规模化生产经营的高效益，从而使原本分散经营的农户有能力、也有意愿加入集中连片经营，最终提高农业生产效率和效益。

## 五、总结

综合上述自改革开放以来，黑龙江省颁布的农业政策可以看出，省政府从劳动者、生产资料以及二者的结合方式全方位着手，推动全省农业沿着正确的轨道高速发展。总体而言，改革开放以来黑龙江省农业政策的演变可以大致分为五个阶段。

1978年到1984年，是黑龙江省农业政策的变革破冰时期。在这一时期，黑龙江省主要致力于农业领域的基础设施和技术建设，大力推动农业的机械化和良种化发展，力求在短时期内改变农业基础薄弱这一根本性问题。在农业经营制度方面，家庭联产承包责任制逐渐形成，极大地调动了农民生产积极性，提高了生产力。以往高度集中统一的经营方式得到了改善。这一时期的农业政策为之后黑龙江省农业的发展打下了坚实地基，起着至关重要的作用。

1985年到1991年，是黑龙江省农业政策的市场化探索阶段。在这一时期，黑龙江省农业政策改革的重点在于农产品产业链的延长和拓展上，具体如培育市场、优化产业结构等。此外，农业生产环节依然是基础性存在，黑龙江省在继续推进农业机械化和良种化发展的同时，农业生产的信息化和绿色化趋势在这一时期也逐渐明显起来。

1992年到2002年，是黑龙江省农业政策的平稳转轨阶段。在这一时期，国家农业农村的改革方向以适应社会主义市场经济体制的建立为基调，黑龙江省同样如此。一方面，农业生产力的提升仍然是一项长期任务，全省农业的机械化、良种化、信息化和绿色化发展基本延续上一阶段的状态，稳健地向前推进；另一方面，产业结构变革速度加快，乡镇企业发展迅速，农民收入大幅度提升。

2003年到2012年，是黑龙江省农业政策的稳固提质阶段。在这一时期，得益于前几个阶段的持续发展，黑龙江省农业的基础性建设已经较为完备，经营制度与生产力水平相匹配，也达到了较为完善的程度。农业政策的颁布呈现出追求质变的指向。一是农业科技创新能力大幅提升，"农科教"体系愈发完善，农业生产效率的提高有了充足后劲；二是在党的十六大提出的"统筹城乡发展"思想的大背景下，农业生产的效益也开始以前所未有的速度提升，农村基础设施和公共服务的建设迅速完善，农民收入在前一阶段的基础上又有了大幅增加。

2013年至今，是黑龙江省农业政策的深化改革阶段。党的十八大以来，粮食安全成为重中之重，十九大提出的乡村振兴战略更是对农业农村发展提出了全新要求。黑龙江省一方面大力推动农业科技创新，把农业生产的信息化和绿色化作为主要目标，使本省农业朝着世界领先水平进发；另一方面面对农业现代化水平不断提升对传统乡村社会结构造成的冲击，通过加速产业融合、发展乡村旅游服务业、提高进城打工人员待遇保障等方式，力图实现城乡协调发展。

# 第四章 改革开放以来黑龙江省农业政策实施分析

改革开放以来,在党的领导下,黑龙江省贯彻落实中央"三农"工作部署,开展调研工作推出适应本省的农业政策,不断深化农村改革,黑龙江的粮食生产实现跨越式发展,农民收入稳步提高,乡村振兴取得新进展,全省农业农村农民工作成效显著。

## 一、粮食安全压舱石,粮食综合生产能力跨越发展

### (一)粮食产能稳步提升

自改革开放以来,随着农村实行家庭联产承包责任制,农民的生产积极性被极大地调动起来,黑龙江省粮食生产得到大发展。而随后几十年来黑龙江省在农业生产关系、粮食流通领域等方面的继续深入改革,以及大量农业新技术的推广应用,接续推动着全省粮食生产能力的飞速提高。如图4-1所示,从1978年到2021年黑龙江省全省粮食播种面积和粮食综合生产能力都出现了大面积增长,黑龙江粮食生产能力发生了翻天覆地的变化。

从1978年到1995年国家"八五"计划顺利完成,这一时期也是黑龙江省农业发展的奠基阶段。在这一阶段,黑龙江省政府颁布的农业政策的

主要特点是基础为重、大胆创新。在这样的农业政策驱动之下，黑龙江省农业在较短的时间内，走出了整体状况不佳、发展几近停滞的困局，为此后的农业发展打下了稳固基础，并规划出了一条方向明确的道路。

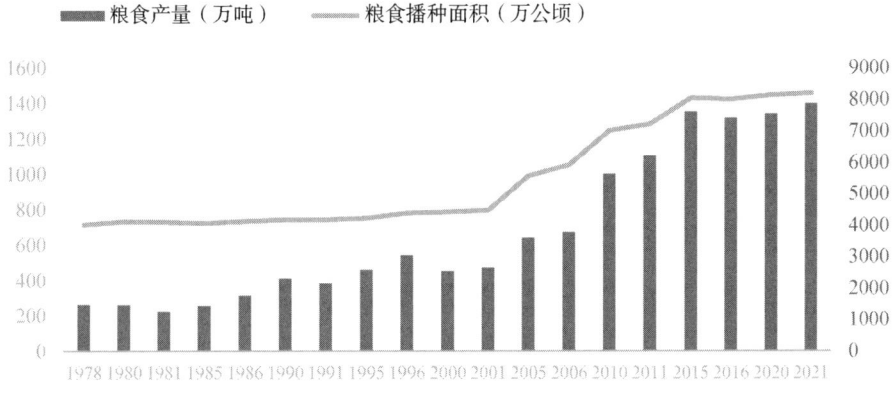

图 4-1　改革开放后黑龙江省粮食播种面积与产量变化①

1988 年 4 月，黑龙江省以协议形式接受了国家第一个农业综合开发项目——三江平原综合开发，从此拉开了本省农业综合开发的序幕。从 1989—1993 年黑龙江农业综合开发，经过两期开发，三江平原平均亩产翻了一番，实现新增收入 24 亿元，投资效益达到 1∶8。而后，松嫩平原深度开发，在 6 年中先后改造中低产田 1590 万亩，平均每亩增产 120 公斤。从 1988 年 4 月实施到 2018 年 10 月结束，黑龙江农业综合开发集中力量办大事，突出重点抓问题，有效解决了农业和农村经济发展的突出问题，改善了当地农业生产基本条件，优化农业和农村经济结构，提升了农业综合生产能力和综合效益，形成了独特优势和鲜明特色。到 2018 年底，黑龙江农业综合开发累积改造中低产田、建设高标准农田 4767 万亩，亩均新增粮食生产能力 100 公斤以上。

"九五"时期，黑龙江省实施农业强省战略，深化农村改革，推进粮食流通体制改革，大力发展质量效益型农业，加快现代农业发展步伐。然

---

① 主要选择改革开放后不同阶段"五年计划"开始与完成时的数据。

而由于自然灾害、结构性过剩等多重因素的影响，全省粮食生产进入了一个徘徊阶段，到 2000 年，粮食播种面积 785.2 万公顷，比上一年减少了 24.7 万公顷，产量下降 52.5 亿公斤。

21 世纪以来，国家相继出台多项惠农政策。在此基础上，黑龙江省也相继推出系列惠农政策，收效颇丰。到 2011 年，黑龙江省农作物播种面积达 1448.55 万公顷，粮食种植面积稳中有升，实播面积达 1375.85 万公顷，其中水稻、玉米面积分别发展到 344.75 万公顷、590.41 万公顷。这一年，粮食生产再夺大丰收，总产达到 557.05 亿公斤，商品量达到 446.6 亿公斤，均创历史新高，黑龙江省成为全国唯一的粮食总产和商品量双第一的省份。

表 4-1　2021 年全国粮食产量前十省份粮食产出情况

| 地区 | 粮食产量（万吨） | 全国位次 | 人均粮食产量（公斤） | 全国位次 |
| --- | --- | --- | --- | --- |
| 黑龙江 | 7867.7 | 1 | 2499.3 | 1 |
| 河南 | 6544.2 | 2 | 660.2 | 6 |
| 山东 | 5500.8 | 3 | 541.0 | 8 |
| 安徽 | 4087.6 | 4 | 669.1 | 5 |
| 吉林 | 4039.2 | 5 | 1692.2 | 2 |
| 内蒙古 | 3840.3 | 6 | 1599.1 | 3 |
| 河北 | 3825.1 | 7 | 513.0 | 9 |
| 江苏 | 3746.1 | 8 | 441.2 | 15 |
| 四川 | 3582.1 | 9 | 427.9 | 16 |
| 湖南 | 3074.4 | 10 | 463.5 | 14 |

数据来源：国家统计局官网。

改革开放四十多年来，黑龙江粮食产能不断提升，水稻、玉米、大豆产量均位于全国之首。到 2021 年，黑龙江省的粮食总产量连续十二年排名全国首位，连续四年稳定在1500亿斤以上，并且粮食商品量、粮食调出量也都稳居全国第一，粮食安全省长责任制考核连续四年位列全国优秀等次。可以说黑龙江省既是名副其实的中华大粮仓，又是事关国家粮食安全的一块分量极重的"压舱石"。这一年，黑龙江省粮食作物种植面积达到1455.1万公顷，比1978年提高了一倍；粮食产量再创历史新高，如表4-1所示达到7867.7万吨（1573.5亿斤），比1978年增长了4.33倍；水稻产量2913.7万吨，比1978年提高了将近40倍；玉米产量达到4149.2万吨，占全国玉米产量的15%，比1978年提高了5.7倍；大豆产量718.8万吨，占全国大豆总产量的36.57%，比1978年提高了2.46倍。

### （二）粮食作物种植结构持续优化

改革开放前黑龙江省粮食种植品类主要以小麦、玉米、大豆和杂粮为主，其种植面积合计占作物种植总面积的92.9%。如图4-2所示，1978年小麦、玉米与大豆的播种面积占粮食作物播种面积的72%。改革开放以来，围绕国家相关政策与市场需求，黑龙江省积极调整优化粮食结构，逐步扩大水稻、玉米、大豆种植面积。2016年，黑龙江省积极应对农业供给

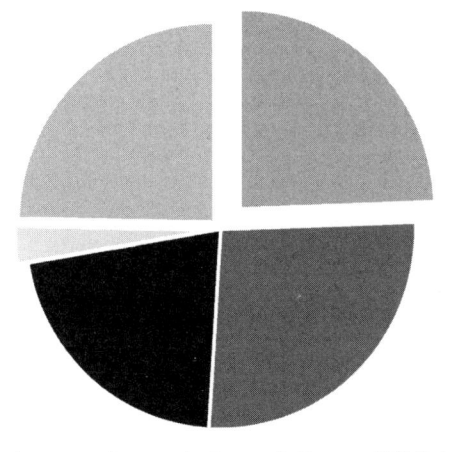

图4-2　1978年黑龙江省粮食作物播种面积构成图（单位：万亩）

侧结构性改革,年初设定调减玉米1000万亩、发展特色作物1000万亩的目标,减玉米,稳定并适当增加水稻、大豆、杂粮,努力构建粮经饲结构合理、种养加一体的发展格局。这一年应对玉米收储政策调整和自然灾害多发的双重压力,抢农时、强管理、防灾害、促早熟,粮食生产实现"十三连丰"。2021年黑龙江省的粮食作物播种面积与1978年相比,水稻增加了365.3万公顷,玉米增加了463.4万公顷,大豆增加了236.3万公顷。改革开放以来,黑龙江省农业不断适应国内外形势的变化,积极推进种植结构调整,提倡发展优质高效农业,科学指导推介良种,不断优化品种结构,推进了农业高质量发展。

**(三)粮食品质不断升级**

黑龙江省是全国绿色食品产业开发较早的省份。改革开放以后,黑龙江省注重发挥丰富的生态环境资源优势,坚持绿色发展、特色发展,依靠"打绿色牌,走特色路"的发展战略,强力推进绿色食品开发,农产品安全实现重大突破,绿色食品种植规模、产量、产业规模、标准化生产水平、品牌影响力、产品质量等指标连续多年居全国首位,粮食品质不断升级。经过几十年发展,绿色食品产业已经成为全省"十大重点产业"中成长性最好、发展潜力最大的产业。黑龙江省也成为了全国最大的绿色食品生产基地和无公害农产品生产大省。

改革开放后,农业部把握环境变化与农业发展转型的重大机遇,深刻分析了国内食品市场和世界食品产业的发展趋势,于1990年开创性地做出了发展绿色食品的战略决策。1991年,国务院对农业部呈报的《关于开发"绿色食品"的情况和几个问题的请示》做出批复,充分肯定了发展绿色食品的重要意义:开发绿色食品对于保护生态环境,提高农产品质量,促进食品工业发展,增进人民身体健康,增加农产品出口创汇,都具有现实意义和深远影响。至此,绿色食品被确立为国家推动的发展战略和政府主导的公益事业与产业。

黑龙江省在全国率先发展绿色食品，在垦区一些农场自建绿色食品生产基地。1993年1月，农业部下发《关于委托管理绿色食品标志问题批复》，同意黑龙江省农垦总局负责黑龙江省绿色食品标志管理工作。同年11月，黑龙江省农垦绿色食品办公室正式成立，并受农业部和中国绿色食品发展中心委托，负责全省的绿色食品开发、产品认证和标志管理工作。1993年底，黑龙江省绿色食品产品总数达到38个。黑龙江省庆安县素有"中国绿色食品之乡"的美誉，1994年庆安县"庆泉"牌大米获得了绿色食品证书，随后全省第一个"县级绿色食品工作机构"——庆安县绿色食品办公室成立。随后五常市、虎林市等地市（县）相继成立了绿色食品机构或管理部门。到1996年底，黑龙江省绿色食品产品总数超过100个。1997年6月，省政府成立了黑龙江省绿色食品开发领导小组，在省农牧渔业厅下设了黑龙江省绿色食品办公室，绿色食品开发开始上升为全省发展战略。1999年6月，第十届哈尔滨经济贸易洽谈会期间，省政府首次召开黑龙江省绿色食品新闻发布会；10月，省政府印发《黑龙江省2000年—2010年绿色食品发展规划》。2000年，黑龙江省委省政府明确提出"打绿色牌，走特色路"的发展战略。2001年在全国最早颁布并实施《黑龙江省绿色食品管理条例》，把绿色食品产业开发纳入了法制化管理轨道。2013年11月，黑龙江省人民政府发布《黑龙江省绿色食品产业发展纲要》，明确指出：绿色食品产业是黑龙江省"十大重点产业"中成长性最好、发展潜力最大的产业。2016年起，省委将绿色食品产业发展纳入全省经济社会发展目标考核体系，进一步提升其发展定位。到2021年底，绿色有机食品认证面积8816.8万亩，继续保持全国第一。绿色食品产品产量1741.2万吨，增长2.5%。绿色食品企业1158个，增长5.0%；绿色食品产品3047个，增长3.8%。

## 二、农业生产条件逐步完善，农业现代化水平显著提升

改革开放以来，黑龙江省持续加大投入，推进农业基础设施建设，农业生产条件得到极大改善，为保障粮食增产丰厚，提高粮食产品有效供给奠定了坚实基础。

### （一）农田水利基础设施成绩斐然

农业发展离不开水利事业的强劲发展。黑龙江省充分发挥水资源较为丰富的优势，从1978年开始，大力修筑蓄水工程、调水工程、输水工程、灌溉排水工程，农田水利基础设施建设成绩斐然。

气象灾害对于农业影响巨大，黑龙江农业长期以来饱受气象灾害的困扰，近些年来以2013年遭受的气象灾害尤为严重，全年暴雨洪涝致使全省558.9万人受灾，农作物受灾面积265.4万公顷，直接经济损失达到313.7亿元。可以说农业的健康发展需要不断提升抵御气象灾害的能力。到2020年，黑龙江省共完成水利投资计划105亿元，三江平原十四灌区田间配套工程实现三年任务两年完成的目标。三江平原十四灌区田间配套工程，可置换地下水灌溉面积622万亩，年可置换地下水总量约18亿立方米，基本实现了地表水与地下水采补平衡。同年全省水利建设施工项目568个，投产项目423个。到2021年黑龙江省已建成各类水库899座，水库总库存量201亿立方米，水库数量比1985年提高了40.5%，调蓄洪水作用大大增强。

2020年黑龙江省共建有水闸1486个，其中分洪闸255个，节制闸421个，排水闸484个，引水闸326个；全年除涝面积合计341.1万公顷。2021年黑龙江省除涝面积3360.9千公顷，比1985年增加了93.1%。在防洪减灾工程建设方面，建成了黑龙江省水利建设史上投资规模最大的三江治理工程，包括黑龙江、松花江、嫩江干流和胖头泡蓄滞洪区工程，工程

总投资 226 亿元，新建及加高加固堤防总长度 2929km。建成后的三江干流堤防共保护土地面积 6292 万亩，其中耕地面积 3868 万亩，保护人口 1080 万人。到 2020 年黑龙江省堤防总长度共计 14017km，保护耕地 2277 千公顷，保护人口 1278 万人。2021 年江河堤防长度达到 1.53 万公里，保护了全省 28% 的耕地。

1986 年黑龙江省实灌面积 738.1 千公顷，其中水田实灌面积 571.1 千公顷，旱田实灌面积 167 千公顷。经过几十年发展，黑龙江省各类灌溉工程大量增加。到 2020 年，黑龙江省耕地实际灌溉亩均用水量 411 立方米，农田灌溉水有效利用系数提高到 0.613。同年全省有效灌溉面积达 6199 千公顷，其中耕地灌溉面积占 6171.61 千公顷；万亩以上灌区 389 处，万亩以上耕地灌溉面积 1389 千公顷。节水灌溉面积 2189.4 千公顷，其中喷灌 1627.28 千公顷，微灌 85.86 千公顷，低压管灌 11.18 千公顷。到 2021 年全省有效灌溉面积 6171.6 千公顷，比 1986 年增加了 5433.5 千公顷，对保证农业增产稳产发挥了重要作用。

自改革开放以来，黑龙江省扎实推进水利基础设施建设，水旱灾害防御能力不断提升，水利工程建设不断推进，有效提高了粮食综合生产能力，为保障国家粮食安全提供了有力支撑。

### （二）耕地保护落实有力

改革开放以来，黑龙江省在稳定粮食生产，做好粮食安全压舱石的同时也十分注重对于黑土耕地的保护。2021 年"三调"显示数据与 2012 年"二调"数据相比，黑龙江省耕地总面积增幅近 8%，其中水田面积增幅较大，达 96%。

黑土地被誉为"耕地中的大熊猫"，黑龙江省有典型黑土耕地面积 1.56 亿亩，占东北典型黑土区耕地面积的 56.1%。随着长期高强度的开发透支，近些年来黑土耕地出现了变薄、变瘦、变硬现象，给农业健康可持续发展带来了挑战。2016 年 5 月，习近平总书记到黑龙江省考察时指出，

"要采取工程、农艺、生物等多种措施,调动农民积极性,共同把黑土地保护好、利用好。"黑龙江省贯彻落实习近平总书记重要指示精神,对于黑土地要坚持管控与修复并重、保护与利用统筹、用地与养地结合,守住耕地红线;提升耕地肥力,逐渐探索形成以秸秆翻埋还田、秸秆粉碎还田、秸秆覆盖免耕等为主的"龙江模式"和以水稻秸秆翻埋、旋耕和原茬打浆还田为主的"三江模式"。推进秸秆还田,不断增加秸秆归还量,能够有效提升耕地土壤有机质含量。黑龙江省实行耕地轮作制度等保护措施,对黑土地保护力度不断加大,黑土耕地的地力得到提升。

2015年后,在海伦、双城、北林等9个县(市、区)率先开展第一批黑土地保护利用试点工作。2018—2020年,国家支持在宾县、青冈县、宝泉岭农场等15个县(市、农场)开展黑土地保护利用试点工作,其中海伦、克山、桦川、龙江等4个首批试点的县(市)作为整建制推进县(市)继续实施试点,到2020年落实项目面积28.83万公顷。黑龙江省先后出台了《黑龙江省耕地保护条例》《关于切实加强黑土地保护利用的决定》,制发《黑龙江省黑土耕地保护利用"田长制"工作方案(试行)》,压实黑土耕地保护责任,建立起省、市、县、乡、村和网格、户"5+2"七级田长工作责任体系。到2021年黑龙江省落实七级田长338万余人,形成全覆盖、有分工的监管机制。2022年3月1日,《黑龙江省黑土地保护利用条例》正式施行,第13条规定,每年5月25日所在周为黑龙江省黑土地保护周。同年8月1日,《中华人民共和国黑土地保护法》正式实施。黑龙江省因地制宜探索出黑土地保护利用"龙江模式"和"三江模式",也被列为《国家黑土地保护工程实施方案(2021—2025年)》黑土地保护主推技术模式。截止到2021年,黑龙江省落实保护性耕作面积2586万亩,同比增长94.4%,秸秆综合利用率达到95.02%。

在耕地保护上,黑龙江省不断推进水土流失治理工作。黑龙江省采取了一系列防止水土流失的保护措施,2021年新增水土流失治理面积5248.47平方公里,较2020年增加1072.8平方公里。同时大力推进高标

# 第四章 改革开放以来黑龙江省农业政策实施分析

准农田建设，完善农田水利配套设施，促进水资源永续利用等。到 2021 年，实际建成黑土高标准农田 1024.55 万亩，累计建成高标准农田 9141.05 万亩，落实高标准农田原则上全部种粮的要求。

黑龙江省认真贯彻落实严格保护耕地的基本国策，耕地保护落实有力，耕地和永久基本农田保护面积位居全国首位。2021 年黑龙江耕地总面积为 1719.3 万公顷，比 1978 年增长了 103.3%；全省耕地质量平均等级 3.46 等，土壤有机质平均含量每千克达 36.2 克，秸秆翻埋和深松整地地块耕层厚度平均达到 30 厘米以上。

### （三）农业机械化水平不断提高

经过四十多年的发展，黑龙江省农机装备总量持续增长，农业机械化水平大幅提升，迈进了向全程全面高质高效转型升级的发展新阶段。农业机械化改革了传统的农业耕种方式，极大地提高了农民的劳动生产力和投入产出率，农业生产进入到从主要依靠人力畜力向主要依靠机械动力的新时期。农业机械化在确保粮食持续增产丰收、促进农业增效、农民增收中发挥着重要作用。

2018 年习近平总书记在建三江国家农业科技园区考察时深刻指出，"要把发展农业科技放在更加突出的位置，大力推进农业机械化、智能化，给农业现代化插上科技的翅膀。" 2021 年全国农作物耕种收综合机械化率达 72.03%；其中机耕率、机播率、机收率分别达到 86.42%、60.22%、64.66%。而黑龙江地区是我国发展农业机械化较早的重点地区之一。早在 1947 年黑龙江建立国营农场之际就开始着手农业机械装备。1949 年开始在黑龙江农村地区就开始推广半机械化，到 1952 年开始推广机械化。

到 1978 年，黑龙江省农村拖拉机数量达到 2.9 万台，有拖拉机的生产大队数量占大队总数 95%，机耕面积达到 58%；机械播种 3660 万亩，机械化程度 46.5%；机械中耕 3055 万亩，机械化程度 47.2%；机械收割 300 万亩，机械化程度 3.8%。1985 年，全省农业机械总动力达到 1305 万马力，综合机械化水平达到73%。随着龙江农业机械化的不断推进，如表4-2所示，十年间黑龙江省农业机械总动力不断增加，呈上升趋势。到2020年底，黑龙江省农机总动力达6775.09万千瓦；拖拉机保有量161.8万台，其中100马力及以上7.7万台；大型联合收割机保有量达到18.9万台；耕种收综合机械化水平达到98%，基本实现农业生产全程机械化。截至2021年底，黑龙江省拖拉机保有量达158.7万台，其中100马力及以上拖拉机8.7万台；农作物耕种收综合机械化率稳定在98%以上；稳居全国首位。同年年底农业机械总动力6912.13万千瓦，比1980年增加了96.5%。

2013年，黑龙江省建立了全国首个省级农机调度管理指挥平台，通过对物联网、大数据、云计算等新技术的应用，黑龙江省已经实现了农机作业、精准统计、农机补贴等主要业务的网上办理。随着科技的不断发展，农机装备不断更新换代，农民的耕种方式也随之变化，进一步推动了农业生产方式的转变。这一年按照"巩固、充实、完善、提高"八字方针，狠抓合作社管理的规范化，出台《黑龙江省现代农机合作社规范社示范社标准》，农机合作社自主经营土地面积达73.33万公顷。到2020年底，全省现代农机合作社总数达到1411个，其中省级规范社242个，创建国家级农机合作社示范社36个。截至2021年末，全省200亩以上规模经营耕地面积1.47亿亩，占耕地总面积的61.5%，规模经营水平引领全国。

表4-2 2002—2021年黑龙江省主要农业机械年末拥有量

| 序号 | 年份 | 农业机械总动力（万千瓦） | 农用大中型拖拉机数量（台） | 小型拖拉机数量（台） | 大中型拖拉机配套农具（部） |
| --- | --- | --- | --- | --- | --- |
| 1 | 2021 | 6912.13 | 666891 | 921706 | 577224 |
| 2 | 2020 | 6775.09 | 637291 | 978901 | 487200 |
| 3 | 2019 | 6359.08 | 578241 | 1037162 | 427319 |

(续表)

| 序号 | 年份 | 农业机械总动力（万千瓦） | 农用大中型拖拉机数量（台） | 小型拖拉机数量（台） | 大中型拖拉机配套农具（部） |
|---|---|---|---|---|---|
| 4 | 2018 | 6084.65 | 551700 | 1057100 | 416100 |
| 5 | 2017 | 5813.76 | 1060600 | 544300 | 1449600 |
| 6 | 2016 | 5634.27 | 1015600 | 570000 | 1444000 |
| 7 | 2015 | 5442.29 | 968000 | 603000 | 1383200 |
| 8 | 2014 | 5155.52 | 921600 | 624000 | 1303100 |
| 9 | 2013 | 4849.28 | 873300 | 645300 | 1179500 |
| 10 | 2012 | 4552.93 | 808900 | 664500 | 1044700 |
| 11 | 2011 | 4097.84 | 732100 | 688300 | 946600 |
| 12 | 2010 | 3736.29 | 654700 | 692700 | 759200 |
| 13 | 2009 | 3401.27 | 583000 | 711000 | 673800 |
| 14 | 2008 | 3018.36 | 482000 | 713000 | 593000 |
| 15 | 2007 | 2785.3 | 381813 | 757190 | 472034 |
| 16 | 2006 | 2570.6 | 323087 | 754770 | 408793 |
| 17 | 2005 | 2234.04 | 217275 | 744126 | 318803 |
| 18 | 2004 | 1952.17 | 127795 | 715714 | 222328 |
| 19 | 2003 | 1807.74 | 99462 | 695446 | 201096 |
| 20 | 2002 | 1741.75 | 85266 | 680452 | 193707 |

数据来源：国家统计局官网。

## 三、农业科技支撑能力显著增强

改革开放以来，黑龙江省始终高度重视农业科技的引擎作用，根据国家政策方针的指示，结合本省农业发展实际情况，循序渐进地对农业科技政策做出调整。从夯实基础、弥补缺陷到寻求创新突破、与世界前沿水平接轨，黑龙江省颁布的农业科技支持政策，以及与之对应的农业科技发展进程，均呈现出较为明显的阶段性和发展性。四十多年来，全省的农业科技支撑能力也有了明显的增强，为农业现代化发展提供着源源不断的动力。

### （一）科研实力不断提升，农业科技贡献逐年提升

自1978年改革开放，到中国特色社会主义步入新时代，40多年的时间里黑龙江省的农业科技贡献率不断提升，农业科研人员人数、综合素质均大幅提高，科研机构和设施设备趋于完备化，农业科研成果转化率亦有所提升。

在改革开放初期党中央"科技兴农"战略的指引下，黑龙江省根据当时农业科技体系亟须健全、农业生产设备数量和质量均有不足的现状，一方面有计划地大量从国外采购先进农机设备和优良种质资源，以缓解燃眉之急，迅速提升农业现代化水平；另一方面同样注重农业科技的自主研发，通过重建"文革"时期遭到破坏的农业科研院所，提高科研人员的待遇保障以及加强和国外的学习交流等方式，对农业科研进行了恢复和建设。

1978年，黑龙江省农场总局党委发布的《关于组织整顿科研机构和定编的通知》中提出，要构建一批专业的和综合的科研院所。同年，黑龙江省又颁布了多项人才激励政策，有效地吸引了大批农业科研人员的加入，进而提升了农业科研成果产出效率。从1978年到1979年两年间，垦区共产出101项科研成果。1984年，黑龙江省又制定了"科教兴垦"战略，提出"提高科研水平、加速成果转化、增强科研后劲、扩大经济效益"的目标。以此为指导，大批农业科研人员开展了实地指导和考察活动，既推广了农业科技，又亲身检验了科研成果的应用成效。1990年黑龙江省农业科学院组织有领导和科技人员参加的科技兴农服务队伍300余人，深入到省

内 30 个县（市）的乡（镇）村，开展不同形式的科技兴农活动。截至1990 年底，黑龙江垦区农业科技进步贡献率达到 51%。

1992 年，黑龙江省农垦总局发布《关于进一步加快垦区科技进步的决定》，其中指出要加快完善农业科研管理制度和评价体系，并接续提高科研人才待遇，提升其积极性。随后的 1993 年被省农垦总局定为垦区科技人才年。1995 年 10 月 14 日，黑龙江省八届人大常委会第十八次会议审议通过，将每年农历正月十六定为黑龙江省农民科技节，以此营造重视农业科研的社会氛围。到 1995 年，黑龙江垦区的农业科技创新体系大幅完善，粮食产量首次突破百亿斤。

2000 年初，黑龙江省农业开发办制定了《农业综合开发推进农业科技进步方案》，从两方面入手助力本省农业科技的快速发展。一是进行现代农业科技推广示范。在全省新建科技示范推广项目 92 项，主要示范内容包括利用生物技术繁育良种、水稻"三超"栽培新模式、温室、大棚等设施农业技术、节水农业技术等。二是与省内农业院校及科研院所展开长期稳定的技术合作，做好农业科技人员的培养和输送工作，注重调动科研人员的积极性。把握好农业科研成果的产出和转化两个部分。截至 2000 年，黑龙江垦区共有科研院所 17 个，技术推广中心 9 个，技术推广站 103 个，各类科技人员 10 万多人，以农业现代为目标的"黑龙江农业现代化创新工程"项目在垦区内取得阶段性成果。

2012 年 3 月，黑龙江省农垦总局印发了《黑龙江垦区农业科技促进年活动实施方案》。《方案》中提出的主要任务第一项就是加快自主创新，提高科技支撑产业发展能力。为此，省农垦总局指出要通过开展重大活动和项目的方式，为农业科研提供载体，及时对科研成果和方针进行总结调整，缩短科研成果转化周期。党的十八大以来，黑龙江省贯彻党中央政策及指示，放眼世界农业前沿发展方向，农业科技的突破性发展已经成为核心任务之一，重要性进一步上升。在全省各级政府、各类机构和从业人员的努力下，如图 4-3 所示，农业科技进步贡献率连年提升。

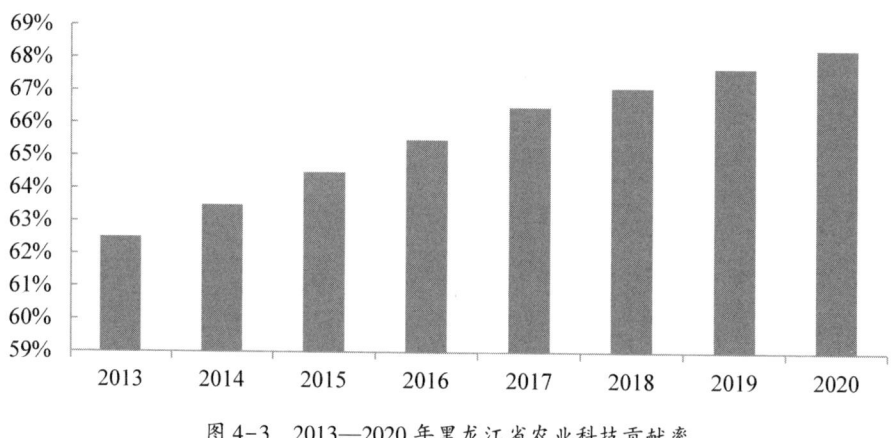

图 4-3 2013—2020 年黑龙江省农业科技贡献率

数据来源：黑龙江统计年鉴、黑龙江省志、黑龙江省政府工作报告数据整理而成。

截至"十三五"时期结束，黑龙江省科技贡献率达到 68.3%，农业综合机械化率达 98%。2021 年 7 月黑龙江省政府办公厅提出《关于加快农业科技创新推广的实施意见》，对"十四五"时期黑龙江省农业科技发展做出规划。《意见》重点指出要提高农业科技创新能力，尤其是要取得突破性的进展，争取在短板领域内，实现从无到有的转变，破除"卡脖子"的技术壁垒。以创新能力推动"三大提升工程"的顺利实施。《意见》同时提出到 2025 年，争取全省农业科技进步贡献率达到 71.8% 以上。截至 2021 年底，黑龙江省农业科技进步贡献率已达到 69%，主要粮食作物耕种收综合机械化率达到 98%，农业科技水平和创新能力稳步提升，农业现代化进程持续推进。

### （二）"产学研"协同创新，推动技术推广

产学研协同创新，是指企业、高校、科研机构以创新资源共享、优势互补为基础，以合作研发、利益共享、风险共担为原则，共同开展科技创新、推进成果转化。产学研协同创新是产学研合作的高级形式。"产学研"体系的构筑有利于农业科技的长久持续发展，也是改革开放以来黑龙江省农业工作的重心之一。

## 第四章　改革开放以来黑龙江省农业政策实施分析

1978年党的十一届三中全会之后,黑龙江省政府随即开始着手对农业科研院所的重建工作。同年,省农场总局党委发布了《关于组织整顿科研机构和定编的通知》,提出要构建一批专业的和综合的科研院所。1984年,黑龙江省政府制定的"科教兴垦"战略,更为直观地指出了产、学、研一体化的目标,并勾勒出实现路径。在这一战略的导向下,黑龙江省积极开展农业技术领域的教育培训工作,取得显著成绩。从1982年开始到1986年末,全省69个县和县级市全部建立了农业技术推广中心,并有8个省辖市也先后建立了农技推广总站或中心,共投放资金3978.4万元。1986年,全省范围内举办农业技术培训班达9900多次,共有278万人接受培训,并培训技术骨干10万多人次。农业技术推广和培训范围有了显著的扩大。

1990年10月,黑龙江省政府颁布了《黑龙江省农业技术推广条例》,提出要扩展农业技术推广队伍,提高农业技术推广人员的专业水平。1997年,黑龙江省政府又在《黑龙江省农业技术推广条例》的基础之上进行丰富和调整,特别强调要提高农业技术人才的工资收入和生活保障。同年12月,黑龙江省第八届人大常委会上通过《实施<中华人民共和国农业技术推广法>办法》,对农业技术推广体系做出总体规划,明确指出要实行以农业技术推广机构为主体,农业科研单位、有关教育院校以及群众性科技组织、农民技术人员相结合的推广体系。此外,《办法》还对涉及农业技术推广的几个单位、群体做出了较为详细的管理规定,并提出了更具针对性的帮扶政策。

2000年,黑龙江省9个试点县培训青年农民骨干共计2.7万人。同时,通过绿证培训、实用技术培训、农业农村干部培训、科技之冬、科技千里行、科技大集等培训农民500万人次。除此之外,全省农业(种植业)、农机、水产、畜牧、林业、水利共有省、市(地)、县(市)、乡(镇)推广站数量达到6803个,其中县(市)推广站419个,乡(镇)推广站6304个,技术推广人员36921人,基本形成了省、市、县、乡4级农业社会化服务网络。

进入二十一世纪以来，黑龙江省政府先后在 2004 年和 2008 年颁布并实施了《关于进一步加强人才队伍建设若干政策的推进落实方案》以及《关于深化改革加强基层农业技术推广体系建设的实施意见》，两者均致力于促进农业院校毕业生前往乡村就业，从管理、科技应用与推广等多个领域提升农业从业人员的素质。2008 年，黑龙江省还开展了送科技下乡活动，接受科技培训和创业培训的农民总数达到 557.5 万人。2010 年，黑龙江省举办各类农业科技培训班 2238 期，并充分利用多媒体平台，通过电视、光盘、广播等媒介开展农业技术教育，培训农民总人数达到 562.9 万。截至 2010 年底，全省农业科技贡献率上升至 59.5%。

党的十八大以来，黑龙江省政府继续将"产学研"体系作为农业科技发展的续航动力和农业科技创新的核心组件。2020 年，黑龙江省政府印发的《2020 年黑龙江省高素质农民教育培训实施方案》提出，以新型农业经营主体带头人、扶贫攻坚带头人、返乡创业带头人、种养加能手等为重点培育对象，采取"委托+政府采购"的组织形式，以多种渠道对总计 2 万名农民实行更有实用价值、更有效率的培训。2020 年黑龙江省共在 69 个农业县（市、区）开展基层农技推广体系建设，依托高标准科技园+农业科技示范基地+农业科技示范主体+农技推广队伍"四位一体"推动技术到田入户，带动全省农业主推技术到位率达 95%以上。并举办 2020 年黑龙江省基层农技推广骨干人员培训班，通过多种公共媒体及自媒体渠道广泛地开展网络直播培训，平台观看量达到 2500 万人次。黑龙江省坚持把振兴发展的基点放在创新上，到 2022 年国家认定的高新技术企业增长到 3605 家。

**（三）科技园区基地建设成效明显，发挥带头示范作用**

改革开放以来，黑龙江省一直积极推进农业示范区建设和现代化农业产业园区建设，有效地提高了农业科研成果的应用转化效率。这些科技园区基地起到了以点带面的引领作用，全面带动了全省各地区农业的快速发展。

改革开放初期,黑龙江省的农业科技水平相对较低,自主研发能力较差,因此这一时期的政策主要致力于引进资金和国外先进设备,从而建立农业示范区,同时注重打好农业科研的基础。20世纪80年代初,黑龙江省农垦总局在建三江管理局创建了第一个现代农场,即洪河农场。利用购进的美国先进农机设备,开始初步探索中国式现代化农场的道路。"六五"时期,黑龙江省还开展了三江平原农业区域增产综合技术项目,并被列为全国"六五"期间的重点科技攻关项目。在国家计委、科委的指导下,省内外共11个高等院校、48个研究所、66个业务部门共1019名科技人员参与攻关,取得了大量前所未有的科研成果,为黑龙江省农业发展打下坚实基础。自1987年开始,黑龙江省着手农机化综合试点工作,并首先选定黑河市、克山县北联镇、双城县周家镇、甘南县建华村几个地区作为试点,探索符合黑龙江省实际条件的农机化发展新路径。

2000年,黑龙江省在绥化市北林区构建起了全长105华里的农业科技效益示范带,以农科院作为技术依托,将信息、生物、机械等领域的多种高、新、特技术引入其中,以充分发挥示范、带动作用。并通过把复种技术、反季节栽培技术、无公害生产技术等引入科技园区,构筑了生态农业和绿色农业的新模式,有效发挥了园区的推广和带动作用。2008年开始,国家科技支撑计划"东北粮食主产区新农村建设技术集成与示范"项目在黑龙江省依安县启动,共建设4个示范村,由黑龙江省农业科学院、中国科学院东北地理与农业生态研究所、中国农业大学、东北农业大学、国家大豆工程中心等多家单位共同参与。该项目对农业科技科研发展、农村环境治理等多个方面开展了集中攻关研究,最终收效成果优异。

党的十八大以来,黑龙江省的农业科技基础已经夯实,自主创新能力有所发展,农业科技园和创新基地的建设进程日益加快,整体架构也臻于成熟。截至2020年底,全省已建立17个现代农业产业技术协同创新体系,建成24个高标准科技园,省级高标准科技园总数达到58个,形成千公里科技示范带，各类综合技术推广面积1.97亿亩次。2022年4月国务院正式批复同意将北大荒建三江国家农业科技园区建设为黑龙江佳木斯国家农业高新技术产业示范区。

## 四、外向型农业发展

### （一）农产品对外贸易不断扩大

伴随着中国改革开放政策的推进以及中苏关系的缓和，从1982年开始，中断了18年之久的中苏地方边境贸易得以恢复，并且边贸经营权被划归给外贸部门，从此边境贸易出现了蓬勃发展的形势。[①] 1983年，中苏两国政府分别正式批准恢复黑河和布市的两国贸易口岸，开启了黑龙江省对外农产品贸易的新阶段。

在国务院的批准下，1982年黑龙江省开始恢复地方边境贸易，并于同年4月份，中苏两国对外贸易部换文，确认黑龙江省与苏联远东地区继续开展边境易货贸易。[②] 1982年5月30日黑龙江省贸易公司正式成立，准确做到了解和掌握黑龙江省和苏联边境的市场环境和供需情况。同年10月，《黑龙江省对苏联远东地区边境贸易协议》的签订，标志着中苏双方以"平等互利、互通有无"为原则的地方边境贸易正式拉开序幕。中苏地方边境贸易恢复后，黑龙江省黑河市、同江市、绥芬河市等地率先开始了对外贸易，依据黑龙江省和苏联远东地区的资源、经济发展、商品供应能力及需求等情况，[③] 对外出口优势农产品，引进短缺物资。自1983年开展对

---

[①] 黑龙江省地方志编纂委员会：《黑龙江省志 第34卷 对外经济贸易志》，哈尔滨：黑龙江人民出版社1997年版，第234页。

[②] 黑龙江省地方志编纂委员会：《黑龙江省志 第34卷 对外经济贸易志》，哈尔滨：黑龙江人民出版社1997年版，第238页。

[③] 黑龙江省地方志编纂委员会：《黑龙江省志 第34卷 对外经济贸易志》，哈尔滨：黑龙江人民出版社1997年版，第239页。

外贸易开始，中国对外出口以农副产品和生活消费品为主的商品，给不少相关的生产厂家带来了生机，注入了新的活力。同时，从苏联进口的水泥、纯碱等轻工业产品也解决了部分工区企业生产的燃眉之急，化肥的进口也解决了化肥市场现实存在的供需矛盾，在一定程度上促进了农业生产。

进入新世纪以来，在贸易自由化和贸易保护主义并存的大环境以及中国加入世贸组织后机遇与挑战并存的具体处境的双重影响下，随着改革开放和社会主义现代化建设的不断深入，黑龙江省始终坚持"走出去"战略和国际市场开发战略，在吸引外商投资，引进外国技术的同时，充分发挥地域特点和农业生产优势，扩大农产品贸易顺差，不断开拓农产品对外市场。作为黑龙江省农产品进出口贸易的主要市场，俄罗斯占据了黑龙江省对外贸易总额的59.3%，稳定俄罗斯市场对于黑龙江对外贸易至关重要。2003年，中共中央出台了《关于实施东北地区等老工业基地振兴战略的若干意见》，标志着振兴东北老工业基地的重大战略部署的开始，"针对东北老工业基地和重要商品粮基地的双重特点……要适应发展优质、生态、安全的现代农业的需要，与加强农产品市场体系建设、改善农村生活条件、增加农民收入结合起来"，这为优化农产品进出口结构，提升黑龙江农产品进出口贸易质量，发展对俄贸易起到一定的推动作用。在站稳欧洲和东亚市场的同时，开拓了拉丁美洲和中东地区等农业出口新市场，截至2004年，黑龙江省的农产品国际市场已经扩大到124个国家和地区①，实现了新的突破。

"十二五"规划时期，是黑龙江省推进具有龙江特色现代化大农业建设的重要时期，发展机遇和挑战并存。黑龙江省紧紧抓住俄罗斯市场，抓住俄罗斯禁止从欧美等国家进口蔬果等农产品的政策机遇，有针对性

---

① 朱宇主编：《中国改革开放全景录黑龙江卷》，哈尔滨：黑龙江人民出版社2018年版，第71页。

地开展对外贸易服务，搭建进出口贸易平台，向西伯利亚远东地区提供蔬菜水果进出口的贸易服务，配套相关农产品进出口的促销活动，拓展农产品进出口销路，盘活农村经济。到 2021 年，全省农产品进出口贸易总额达 173.78 亿元，其中农产品出口 54.46 亿元，农产品进口 119.32 亿元。

**（二）农产品出口基地建设日益规范**

黑龙江省作为重要的商品粮生产大省，拥有着全国最重要的粮食生产基地，肥沃的黑土地上承载着"中国粮食，中国饭碗"的期望，孕育着丰富高品质的农作物品种，发挥着粮食安全"压舱石"的作用。为了发挥黑龙江省地域和农作物产品丰饶的优势，整合农产品资源，提高农产品生产的效益和质量，拓宽农产品出口销路，黑龙江省自"十一五"规划以来，就开始进行建设农产品出口基地的尝试，并随着现代化建设和乡村振兴战略的不断推进而有了新的发展。

自"十一五"规划始，黑龙江省就率先在哈尔滨、牡丹江和大庆等农粮作物的优势产区和佳木斯、黑河等边境城市重点扶植了一批农产品出口基地，经营范围主要包括：水果蔬菜、粮食产品、畜产品以及土特产和山货等，形成了五大类标准化的农产品出口基地。

2011 年，黑龙江省政府颁布《关于加快标准化农产品出口基地建设的意见》，以发挥优势、优化布局、扶优扶强为原则，利用 3 年至 5 年的时间，建立标准较高、管理规范、布局合理、示范带动作用明显和出口创汇能力突出的农产品出口基地 30 个[①]，结合自身发展实际，着重发展重点五大类标准化农产品出口基地建设，并给予相应的配套措施。在同年 1 月 24

---

① 黑龙江省政府办公厅：《黑龙江省人民政府办公厅关于加快标准化农产品出口基地建设的意见》，https://zwgk.hlj.gov.cn/zwgk/publicInfo/detail？id = 192239（访问时间：2023 年 6 月 20 日）。

日《黑龙江省农业和农村经济社会发展"十二五"规划》当中指出，要建设大型农产品生产基地，做大做强品牌，不断推进农业领域的对外开放，深入推进"走出去"战略，黑龙江将继续积极拓展农产品国际市场，推进农产品出口基地的建设。自 2011—2017 年，黑龙江省每年都会拿出 3000 万元的财政拨款来支持农产品出口基地建设，推进农产品走出国门，建立标准化的农产品出口基地，重点在基地备案、质量监测体系构建、加工仓储物流等设施建设方面提供资金支持。

中国特色社会主义进入新时代，粮食安全的重要性更加凸显。面对新形势新挑战，黑龙江省为稳定对外贸易，促进农产品进出口，拓展国际市场，各部门协调联动，推出了一系列新的普惠政策，持续推进基地建设。2019 年，全省农产品出口基地面积达到 470 万亩。

### （三）农产品对外合作领域逐步扩展

伴随着改革开放的不断深入，黑龙江省对外农业合作领域从刚开始的农产品进出口，逐步扩展到劳务输出、农产品生产加工、农业投资建设、农业机械加工等多个领域。四十年间，黑龙江省农产品进出口贸易不断扩大，农业进出口基地规范化水平不断提高，形成了境内出口市场网络与境外农产品批发中心协调联动的进出口贸易体系，覆盖省内哈尔滨市、齐齐哈尔市、黑河市等地以及俄罗斯布拉戈维申斯克等边境城市。同时在地方边境贸易的带动下，越来越多的农村常住人口选择跨境务工，从事与农业生产有关的工作，带动了农业务工人员的交流与合作，形成以俄罗斯为主的劳务输出。

"十一五"时期是黑龙江省进行农业国际合作交流的黄金期，省委省政府按照党中央的要求继续不断推进对外开放，不断加强同俄罗斯、日本和韩国等周边国家以及欧洲和东南亚等国家的农业合作。与各国在农业科技领域、农业投资领域展开交流合作，不断推进黑龙江省外向型农业的发展。2006 年，牡丹江抓住国家全面"振兴东北老工业基地"以及"对俄经贸科技合作战略升级"的历史机遇,建设了集行政办公、商业金融、对外贸易加工、高新技术、现代物流等主要功能于一体,兼具生态居住、综合服务和旅游休闲等功能的牡丹江对俄经济技术开发区。2010年,黑龙江省开展东盟10加3大米紧急储备工作会议;展开多国间的交流合作,举办中国黑龙江现代农业国际研讨暨培训班,邀请德国农业专家进行授课,各市区县学院参与培训;参与"联合国粮农组织盐碱地土壤综合管理与土地退化和荒漠化治理示范项目",配合科研人员进行试验。"十二五"时期以来,黑龙江省对俄的业务劳动输出都在1.8万人次以上,年人均劳务收入3万元以上。① 黑河充分发挥对俄贸易优势,与俄罗斯在农业技术人员和农产品深加工领域展开合作,成功举办了中俄科技论坛。同时,黑龙江也一直在农业合作方面寻求突破,中俄双方相互结合、优化配置,将黑龙江省现有对俄境外农业开发面积由2012年的720万亩提高至2015年的上千万亩。②

2019年7月,黑龙江作为增设的国家贸易试验区,继续推进对外开放战略,也为推动黑龙江省由农业大省升级转向农业强省,开展农业对外合作提供了新的机遇。黑龙江省以农业特色为依托,开始尝试建设农业对外贸易试验区,开设便捷的农业贸易通道,吸引外商投资。2021年,黑龙江省在农业多方合作和多边交流上取得了突破性进展,大幅提升了黑龙江农业贸易的影响力,形成了农业农村全面开放的新格局。2022年,黑龙江省农业农村厅召开全省农业农村对外经济合作工作会议,会议上强调要以扩大对外合作交流领域为引领,助力全省农业农村全面振兴。

---

① 朱宇主编:《中国改革开放全景录黑龙江卷》,哈尔滨:黑龙江人民出版社2018年版,第72页。
② 刘小宁:《发挥地缘优势提升黑龙江省对外开放水平》,载《西伯利亚研究》2013年第3期,第44页。

### （四）境外农业合作开发

黑龙江的境外农业合作开发始于上个世纪八十年代末，依托黑龙江的地域优势、技术优势和装备优势，积极贯彻落实"走出去"战略。经过了三十余年的发展，从农民的自发性行为逐渐转变为政府组织、企业牵头、农民有序参与的局面。黑龙江境外农业合作开发以俄罗斯为主要平台，持续坚持对外农业合作开发，实现良性协调发展。

2004年，北大荒垦区在俄罗斯犹太自治州开展了国家境外投资的第一批项目，开启了黑龙江省境外农业合作的新篇章，并列入中俄两国双边合作框架。① 到2005年底，北大荒垦区在境外经营的耕地面积已经达到了60万亩，实现产粮7.5万吨。并且，伴随着合作的不断深入，从2005年开始，农业对外开发的范畴逐步开始从单一种植业向农业综合开发发展，合作范围也从最初的俄罗斯东部地区逐步向俄罗斯腹地发展，对外合作领域也不断扩展，在农业科技领域、种质资源交换、作物品种改良和农业机械研发等方面开展合作。

随着粮食安全重要性的不断凸显，在"十一五"时期，规模化开发的农业合作示范区开始了境外粮食返销，在2012年上半年，境外粮食返销6万吨，同比增长30.2%。② 2014年，黑龙江省抓住中俄双方全面提升战略伙伴关系这一机遇，以及黑龙江省沿边开发战略和俄罗斯本土开发战略的突破口，以"一带一路"倡议为依托，全年对俄贸易达到232.8亿美元，增长4.1%，占全省进出口总额的59.8%，占全国对俄贸易总额的24.4%，截至2015年底，黑龙江省对俄承包工程的营业额达到2.35亿美元，同比增长48.5%，其中农业种植和森林采伐行业是对俄工程承包和劳务合作开

---

① 朱宇主编：《中国改革开放全景录黑龙江卷》，哈尔滨：黑龙江人民出版社2018年版，第73页。
② 钟建平：《粮食安全视角下的中俄区域农业合作——以黑龙江省与俄罗斯东部地区的农业合作为例》，载《俄罗斯中亚东欧市场》2013年第2期，第86页。

展的重点领域。① 随着"一带一路"倡议的不断发展,中俄双方作为重要的战略伙伴,实现了合作共赢。2017 年底,开发规模较大的"中俄农业合作示范区"达十余个,对俄境外开发面积有 870 万亩。② 2021 年,俄农产品出口额 377 亿美元(2020 年为 305 亿美元),出口量 7710 万吨。其中,粮食作物出口额 114 亿美元。俄农产品第三大出口目的地为中国,对华出口 35.5 亿美元。实现了在合作规模、合作机制、合作领域上的新的发展。③

---

① 黄巍:《黑龙江省建立中俄自由贸易区的优势、问题及对策建议》,载《商业经济》2016 年第 5 期,第 11 页。

② 朱宇主编:《中国改革开放全景录黑龙江卷》,哈尔滨:黑龙江人民出版社 2018 年版,第 73 页。

③ 驻俄罗斯联邦大使馆经济商务处:《2021 年俄农产品出口额达 377 亿美元》,http://ru.mofcom.gov.cn/article/jmxw/202202/20220203281925.shtml(访问时间:2023 年 6 月 20 日)。

# 第五章　基于乡村振兴视域下黑龙江省农业政策发展建议

## 一、"十四五"时期黑龙江省农业现代化形势分析

"十三五"建设时期，黑龙江省政府认真贯彻中央"三农"工作部署，集中力量攻坚"三农问题"。在农业方面，大力建设现代农业，推动农业向着绿色化、信息化的高质量转型。在农村方面，投入大量资金用于农村地区的基础设施建设，包括修建公路、改造民房、铺设网络、修建供水工程等；与此同时又格外注重农村地区的公共服务建设，着手于提升农村医疗卫生条件、教育质量以及文娱活动水平等"软件配置"。以上措施既使得农村居民能够更好地享受到农业现代化发展带来的好处，又能反过来以直接和间接的方式推动农业现代化发展，形成良性循环。在农民方面，黑龙江省政府一方面注重为农民增收，做好防止返贫的工作；另一方面针对农业现代化发展趋势下，部分农村劳动力外流至城市的情况，出台了相关政策，有效保障了进城工作人员的合法权益。此外，面对现代农业对传统农村社会结构造成的冲击，黑龙江省政府亦是通过调整产业结构、培养新型职业农民等方式引导农村地区完成整体性的蜕变。

2021年2月19日，黑龙江省第十三届人民代表大会第五次会议上的《政府工作报告》指出，"十三五"时期，黑龙江省现代农业发展的步履稳

健轻捷，粮食年产量达 1500 亿斤，农业综合机械化率达 98%、科技贡献率达 68.3%，农业绿色化发展和产业结构优化工作成效显著。此外，从 2016 年到 2020 年，黑龙江省农村常住居民人均可支配收入连年上升，从 11832 元每年上涨至 16168 元每年，同比增长 36.64%，脱贫攻坚工作顺利完成。针对"十三五"规划提出的，到 2020 年粮食综合生产能力稳定在 1500 亿斤，农机总动力达到 6800 万千瓦这一目标，截至 2020 年底，全省粮食总产量达到 1508.2 亿斤，农机总动力达到 6775.1 万千瓦。2020 年全年第一产业增加值 3438.3 亿元，同比增长 2.9%，占 GDP 比重达到 25.1%。全省第一产业固定资产投资增长 124.1%。基本完成"十三五"提出的目标。总体而言，在"十三五"规划时期，黑龙江省完成了农业现代化的全面、迅速发展，也为接下来"十四五"时期的接续发展做了良好铺垫。

站在"十四五"新时期的开端，中共中央高度重视农业发展，并做出了长远的规划及指示。2021 年，中共中央、国务院发布了《关于全面推进乡村振兴加快农业农村现代化的意见》，在总结全国"十三五"建设时期所取得成就的同时，又对"十四五"时期农业领域的发展提出了全新要求，并做出了大致的路径规划。《意见》中指出，要提升粮食及重要农产品的生产保障能力，做好现代农业的基础设施建设，继续推进农业绿色化发展，并完善农业产业体系和经营体系。除此之外，《意见》还提出农业现代化和农村现代化应当是相互促进、相互配合的，带动农民收入的快速增长和农民素质的提高。

2022 年中央一号文件再次重点强调了粮食保障问题，以及力求农业、乡村的现代化发展双管齐下、齐头并进、互为支撑，加强农业科技创新能力。中央一号文件指出，在世界形势错杂多变、经济走向不容乐观、自然环境矛盾重重的大背景下，稳住农业基本盘是一项不容有失的重点任务。

以"十四五"规划中的涉农部分以及中央一号文件为指导纲领，黑龙江省政府结合自身农业大省的实际情况，在延续部分"十三五"时期农业政策的基础上，又做出了新的调整，并提出了新的发展要求。2021年3月2日，黑龙江省政府印发了《黑龙江省国民经济和社会发展第十四个五年规划和二〇三五年远景目标纲要》，其中第三章对农业农村现代化发展做出了详细要求。

《纲要》首先强调了粮食和重要农产品的生产保障问题，指出要稳定耕地面积，提高农作物产出效率，落实好"藏粮于地、藏粮于技"的国家示范区建设规划，以科技创新推动农业向着高效率、高效益、低污染、低能耗的方向发展，提出了到2025年，农业科技进步贡献率达到70%的目标。

其次，《纲要》中还着重提及了黑土地保护工程。早在"十三五"时期，黑龙江省便把黑土地保护作为一项主要任务，取得了不错的成效，土壤有机质下降的趋势得到有效遏制。但黑土地的保护是一项长期而艰巨的工作，并非一朝一夕能够完成。因此在"十四五"阶段黑龙江省将继续开展此项工作，力争实现黑土地面积不减少、肥力不下降的永续利用。

再者，《纲要》又针对农业农村的体制制度改革做出了规划。一方面，要继续深化农村土地制度改革，充分提高农村土地的开发率和利用率，整合土地及农机农具资源，发展新型农村集体经济；另一方面，要继续推进城乡融合发展，鼓励城乡之间的资金、人才等要素平等流动。

最后，《纲要》还创造性地提出了要打造北大荒现代农业航母。所谓"北大荒现代农业航母"共分为四个重点领域——"大航母""大基地""大企业"和"大产业"，也就是从整体品牌创收、农产品生产能力、个体企业打造、产业链的完善及发展四个方面入手，实现北大荒农业的增产、增效、增收以及影响力增长，进而达到全方位、大幅度的飞跃式发展；要不断推动垦区建设率先实现农业现代化，建成现代化大农业全国标杆。

2021年12月，黑龙江省农业农村厅印发了《黑龙江省乡村产业发展"十四五"规划》，主要就产业融合、产业链的整合延长及价值延伸做出了规划。《规划》指出，应当充分发挥各县、村的特色优势资源，先进行

"一村一品"的建设，再发动示范村镇的带动作用，力争形成特色产业的集群合作共赢。此外，还要从农产品的加工和流通销售环节下功夫，提升农产品附加值，进而提高相关从业人员的收入水平。

根据黑龙江省2022年的政府工作报告显示，在初步迈入"十四五"的开端阶段，全省农业现代化发展取得了令人满意的成绩。2021年，黑龙江省粮食总产量达到1573.5亿斤，相较于上一年增长了65.4亿斤。新建高标准农田1024.6万亩。绿色有机食品认证面积8816.8万亩，继续保持全国领先。

需要看到的是，尽管"十三五"时期的任务基本顺利完成，"十四五"的开端同样成绩出色，但纵观整个"十四五"建设阶段黑龙江省在农业领域的任务，依然存在着一些需要花费较多时间以及各种资源去集中解决的长期性挑战。

首先是农业现代化进程本身依然存在薄弱之处。一来是农业科技的创新及推广有待进一步加强。黑龙江省农业农村厅在2021年12月14日印发的《黑龙江省农业机械化"十四五"发展规划》中指出，当前我省的农业机械化、智能化发展虽然有了长足进步，但依旧存在着农业规模经营水平有待提高、农机装备结构有待优化、农机化装备短板有待突破、农机化新技术推广力度有待加强、高端智能农机装备产业优势不强的五方面弱点。此外，农业生产、加工和储藏过程中涉及的生物技术和环保技术也有待进步。同年12月17日，在省农业农村厅印发的《黑龙江"十四五"农业科技发展规划》中更加宏观、也更加明确地指出，我省存在着农业科技自主创新能力不强、科技成果转化率低、技术推广及应用不足和农民素质有待提高的问题。从以上文件不难看出，在未来的一段时间里，农业科技，尤其是高端技术的突破性发展依然会是制约农业生产力增长的一个极其主要的因素。二来是农业从业人员的综合素质依然有待提升。先进的农业技术同样离不开具备较高专业素养的人员的操作应用。自2012年国家提出培养"新型职业农民"的概念以来，黑龙江省积极落实，根据《黑龙江"十四五"农业科技发展规划》数据显示，"十三五"时期培育出高素质农民10.77万人，农业科技推广队伍也得以扩大。即便如此，全省接受高素质培育的农民占乡村从业人口比例依然不足2%。并且农民教育体系较为单薄，显现出短期性、低矮性的特点，在专业技术的培训上缺少后续上升通道，而除了专业技术之外的德育、智育培训更显匮乏。

其次是农业现代化带来的辐射效应依然有待增强。这主要体现在农业现代化发展对于传统乡村和农民群体转型的推动作用上。不可否认，当前全省农村地区的基础设施和公共服务建设都有了明显进步，农民收入也显著提升。但一方面，农业的机械化、智能化发展使得农业生产所需的人力资源日益减少，农村地区的第一产业从业者数量连年下降，并且从事第一产业的人员的收入增速相比较其他产业仍有待提升；另一方面，农村地区既无法为余出的青年劳动力提供足够多的优质就业岗位，又不具备十分丰厚的教育资源让他们转型或是深造，这就导致了大量的青壮年流向城市。如果长此以往，城乡二元对立的局面虽然能在相关政策的引导下，间歇性、阶段性地得以缓解，但这种"缓解"终究如同扬汤止沸，不能从根本上解决问题。尽管黑龙江省政府早已对此做出应对措施，但就当前阶段而言，整体的大趋势尚未改变，传统乡村社会的转型仍处于一个不成熟的、有待继续发展的阶段。此外，农村地区的"软件"建设也还需加强，相较于城市，农村常住人群的精神娱乐方式明显贫乏，农村地区缺乏文化吸引力。

迈入"十四五"时期，除了上述总结的成就和挑战，时代的变化同样给黑龙江省农业现代化的发展提供了一定的机遇。恰如2021年中央一号文件所言——"十四五"时期国家发展的重点难点在"三农"，潜力后劲亦在"三农"。

第一，在科技创新和应用方面。当下，学科交叉已经逐渐成为科技创新的源泉，成为科学时代一个不可替代的研究范式。农业领域研究亦是如此，以互联网信息技术为代表的多种新兴前沿技术开始和农业生产相融合，大量的资金和人才也由此涌入农业领域。能源技术、材料技术的研发能够有效助推农业绿色化发展，大幅缓解积弊已久的农业污染问题；"互联网+"技术的应用能够帮助拓展和增值农业产业链，既让市场信息变得透明，又有助于打造生产者和消费者之间互相信任的动态品牌效应；自动化技术可以进一步提高农业生产效率，还能通过精确控制农药、水的使用量起到保护环境、节约资源的效果。此外，国家也高度重视农业科技的发展，着力于科技的重点攻关，和科研人员福利待遇水平的提升，充分激发科技创新源动力。

第二，乡村振兴战略依然是当前国家工作的重点，黑龙江省作为全国排名前列的农业大省，更是要利用好这一宏观战略，积极出台相关政策促进农业、农村的发展。乡村振兴离不开资金、人才等要素的引入，而这些要素同样可以为农业现代化发展提供助力。一方面，要加大科研经费的投入，注重科研成果转化率，健全农业科技研发的评价制度和体系。另一方面，乡村振兴战略下引进的人才更是不可多得的宝贵资源，打破城市、农村之间的人才流动壁垒，让投身进乡村振兴工程的人才在科研、教育、管理等多个领域发挥作用，推动"农科教"体系进一步完善，从根本上破除限制农业现代化发展的桎梏。

综合上述的成就、挑战和机遇，"十四五"时期黑龙江省农业现代化的发展形势总体较为乐观，但存在部分亟须解决的重点难点。"十四五"是我国农业发展的一个关键时期，也是黑龙江省农业现代化建设的质变阶段，能否站在改革开放以来奋斗来的深厚优良基础上，在充分保障粮食安全的同时创造出具有突破性的成果是这一阶段的重点所在。

## 二、黑龙江省农业政策建议

黑龙江省当前农业发展形势总体稳定向好，但也存在一些挑战，这些挑战一方面是受到省域因素的影响，既有个性因素，又有许多是我国农业

第五章　基于乡村振兴视域下黑龙江省农业政策发展建议

发展中面临的普遍问题，即共性因素。面对当前形势，要持续推动黑龙江省农业发展，需要既考虑共性也要因地制宜采取措施进行有效应对。

**（一）促进产业之间的协调联动，拓宽农业经济生产经营渠道**

第一，以政策保障第一产业内部各要素相互融合。黑龙江省不仅是国家重要的商品粮基地，也是国家的林业大省、奶业大省，同时也蕴含着丰富的渔业资源。东北的独特地理位置和气候条件造就了大兴安岭、小兴安岭广袤的森林资源，使得黑龙江坐拥完达山得天独厚的奶牛养殖黄金带和兴凯湖等特色水产养殖基地，这些有利条件形成了本省农林牧渔一体化的原材料供应链。因此黑龙江省在制定相关农业政策时应充分考虑到这些优势条件，促进农业与林业、牧业、渔业之间的协调联动，大力扶植农副产品加工业，形成农林融合、种养一体的大农业生产格局，并丰富副产品的生产加工结构以拓宽农业发展的新模式，实现黑龙江第一产业内部的协调发展。

第二，多形式、多渠道推进一二三产业深度融合。黑龙江省独特的地理位置造就了本省拥有着丰富而独特的自然资源和人文风光的独特优势，为发展特色乡村旅游业提供了良好环境基础。黑龙江省农业政策应响应国家号召，加大鼓励和支持产业间融合发展，发展特色乡村旅游业，充分将黑龙江省的丰富的乡村文化与当地独有的自然地理风光、人文风俗景观与红色地域文化相结合，以旅游业带动当地农业发展。推动旅游业蓬勃发展，能够进一步为农产品拓展销路，有利于盘活当地农村经济，发展以地域特色为主打，促进农业发展为核心的经济发展新模式。同时，要重视为驻村企业提供优良的发展机遇和良好的发展环境，在充分考量农村环境承载力的基础上，鼓励乡村建厂发展农副产品生产与适当的工业生产，平衡一二产业关系，以工业带动农业发展。

第三，支持大力发展涉农服务业。发展涉农服务业关系农业经济的发展环境。黑龙江省农业政策应进一步落实推进涉农服务业的建设，在合理适度的范围内开展规模性的经营工作，实现全覆盖、多配套、高效能的涉农服务业体系。充分发挥服务业的优势，以不同主体的不同功能定位提供具有针对性、符合市场发展规律、专业性强的服务，因地制宜扩大农业农村的地域优势，扬长避短，形成具有规模性、协调性的涉农服务业特色模式。

### （二）保障粮食安全的核心地位，优化农业生产资源配置组合

第一，完善粮食储运政策。作为国家重要的商品粮生产基地，2021年黑龙江粮食生产总量为7867.7万吨，稳居全国首位，并相较于2020年实现了326.7万吨的粮食增产。减少粮食储运环节中的损耗，是保护国家粮食安全的重要一环，而实现粮食储运环节的低损耗，需要多方位、多主体的协调推进。在制定粮食储运政策时要注重提升政策的协调性和系统性，保证各要素之间可以相互促进，提升效能。涉及监督管理粮食储运环节的各个部门，要在保持各自独立性的前提下加强协调联动，统一出台法规与政策的标准，尽量避免标准不一、方向相悖的情况出现，在源头环节减少因效率不高而导致的粮食储运减损。

第二，接续推进农产品生产结构调整。作为粮食生产大省，黑龙江省在保证主要粮食作物产量的同时，也注意丰富农产品生产结构，提升农产品产出的质量，寻求多方面预期之下的一个平衡点。从需求侧而言，市场需求无疑是生产结构调整的主要导向；从供给侧而言，不同区位的水土资源、气候条件也是重要的制约因素。对此，黑龙江省政策的颁布亦可以从上述两个角度入手。首先，加大对于种质提升工程的资金、人才投入，并完善相关帮扶政策，以此满足现阶段人们对于有机、高质量无公害农产品的购买欲望；其次，在稳定优势产区农作物产量的同时，做好非优势产区的生产结构调整，通过政策引导、典型示范、新型经营主体带动等方式，逐步完成区域布局的合理化，实现耕地面积的最大化利用。

第三，着力推动农产品深加工政策支持。目前，黑龙江省农产品深加工领域由于企业规模、运输成本和相关专业技术等因素的限制，继续深入发展的难度较大，亟须政府政策的保护和支持。黑龙江省在制定农业政策时，一方面可以从相对宏观、传统的角度切入，即加大资金投入、人才引进和配套政策帮扶的力度。在资金问题上，除去直接的政府拨款，还要注重相关税收的减免，降低企业融资成本；在人才问题上，既要提升并严格落实福利待遇，又要以恰当方式把科研产出与工资收入相联系，在不降低科研人才入职工作意愿的基础上，提升其工作的积极性。另一方面，跨领域融合发展同样可以被应用在农产品深度加工上。例如通过引进互联网信息技术提高加工效率、降低加工成本；通过引进结合保健、养生产业提高销售端的利润，开拓市场等等。而这类跨领域的融合发展背后同样离不开政府的政策引导。

### （三）提升农业科技核心竞争力，强化农业科技战略支撑作用

第一，注重完善农业技术推广体系。农业技术推广体系是农业科技成果转化的关键环节，完善农业技术推广体系亦是现阶段强化农业科技战略支撑作用的重要举措。我国农业技术推广工作起步于改革开放后，相较于部分先进国家差距依然较大。同时，农业科技本身的发展水平也对于推广工作起到了一定的限制作用。在农业技术推广政策的颁布和实施方面，未来一段时期需要注意农民这一重点群体。一方面要适当采取带有强制性的手段，在不损害农民利益的前提下，尽可能做到"应训尽训"；另一方面更要注意从农民最关心的现实利润角度出发。例如在一项新技术开发完成后，初始推广阶段直接给予积极接受新技术培训的农户以资金奖励，而新技术带来的农业生产效率和生产效益方面的巨大提升，自然会在后续的生产过程中得以体现，其效果不言自明，足以吸引更多的农民加以应用。通过让农民切实体会到农业科技广泛应用带来的不菲经济收益，真正激起农民积极性，后续的科技推广工作也会愈发顺利。

第二，集中攻坚农业科技创新难点。农业科技的核心竞争力提升要以农业生产效率和农业生产效益为中心和标尺，在实际开展的过程中则要注重补齐农业技术上存在的短板，推动科技成果落地。就目前黑龙江省的农业科技发展水平而言，整体已不存在明显短板，但科技创新能力的突破性提高已然成为较为急迫的任务。对此，应该以政府政策为主导，首先建立起完善的人才培养、引进和评价体系，进一步提升农业科研人员的福利待遇，并通过用人制度改革给予能力出众者充足的上升空间。当前，科研人才是突破关键技术的首要动力，是农业实现"量变到质变"的核心力量，是解决"卡脖子"问题的最有力角色，应该得到高度的重视。其次，要加大资金投入，完善科研所需的基础设施建设，让科研人员能充分发挥能力，提高成果产出数量和效率。再者，还应当继续做好配套政策，比较主要的有完善科研成果评估体系、加强科研资金管理以及营造自由的科研氛围等。

第三，合理规划智慧农业发展蓝图。2022年2月，国家农业农村部发布了《"十四五"全国农业农村信息化发展规划》，其中把"智慧农业"的发展置于主要任务的第一项，足见其重要性。立足于"十三五"阶段农业信息化发展取得的优良成果，"十四五"时期黑龙江省在制定农业政策时，应当追求进一步提升农业信息化的广度和深度，向"智慧农业"的标准靠拢。一来要将信息技术融合在农产品的生产、加工、运输、保存以及销售的整个链条上，在各个环节上做好资金投入及管理，购置先进电子设备，培训农民的科技使用能力。同时还应注意，高度发达的农业机械化水平也是智慧农业发展的最主要基石之一，应该继续引进世界先进农机设备，优化大、中、小型农机的配比，做好农机资源监管分配工作，实现"标本兼顾"，两头发展。二来要继续有针对性地研发更适用于农业领域的信息技术，例如完善农产品物联网的搭建、构建从农业生产的影响指标监测到农药化肥以及灌溉水量的自动化精确控制的一体化自动平台等。

## （四）提高农业可持续发展能力，推进生态绿色农业深入发展

第一，坚持推进黑土地保护工程。作为中国重要的商品粮生产基地，黑龙江省得天独厚的黑土地资源可以说在提高粮食产量和质量方面扮演着不可替代的角色。2018年，总书记赴建三江七星农场考察时曾强调，绿色发展要有可持续性，农业生产不能竭泽而渔。然而近些年来，黑土地资源面临着数量减少、质量下降的问题，并且黑土地的自然形成速度十分缓慢。虽然黑龙江省政府已经采取了例如桔梗还田、轮作休耕等一系列保护措施，但要真正达到预期效果依然任重而道远。对此，黑龙江省在制定农业政策时，一方面要做好保护工作，防止黑土地被进一步破坏。即注重规范和监督化肥使用量，在注重保护土壤本身肥力的基础上，针对黑土的土壤特征和农产品习性合理施用化肥，避免对土壤造成板结和肥力下降等不可逆的伤害以及地下水污染等环境破坏。同时，要严格规范化肥市场的准入体系，规范化肥生产标准，杜绝劣质化肥进入市场、投入生产，从源头上杜绝因化肥使用不合理而造成的土壤破坏。再者，还应当加大执法力度，严厉打击盗挖黑土的违法行为。另一方面要做好修复工作，例如提倡深松深翻，并且通过财政补贴、收税减免的手段激发企业研发相关技术的积极性，构建起多元化的力量体系。

第二，加强生态农业服务体系建设。黑龙江省在制定农业政策时，要注重完善科技创新体系、就业服务体系、信息服务体系等农业服务体系，助力生态农业发展。要注重提升农业科技创新能力，推动农业科技大范围推广，建立协调有序、科学完备的科技创新体系，为发展生态农业提供技术支撑；推动新型农民群体建设，提升农民的整体素质，强化农民生态文明意识，以实用性为基础推动农民职业化教育，培养从事生态农业、整体素质过硬的"新农民"，搭建农民就业服务平台，优化农村劳动力配置结构，提升生态农业相关配套人员的服务建设；加大对农业网络建设的投入，搭建完善的信息网，通过信息交流交换发展生态农业的

重要经验,积极发挥生态农业示范区的典型作用,扩大生态农业的影响力。

第三,继续做好农村生态环境保护工作。作为走在农业现代化前沿的省份,黑龙江省农业现代化的发展有效地带动了农村地区基础设施建设的完善升级,但随之而来的,也在客观上造成了农村地区生态环境的恶化。现代农业的发展并不能独成轨道,而是镶嵌在农村社会之中,受到农村地区发展状态的反作用。故而当前,解决农村生态环境问题已经成为破除现代农业发展限制的一个重要途径。针对这一问题,黑龙江省在制定农业政策时,要加大对农村生态环境的保护和监管力度,完善农村生态环保法规体系,明确各方职责,形成各部门协调联动、充分发动群众的生态环境保护监管体系,加大对破坏环境行为的惩治力度。与此同时,还要注重培养农民的生态文明意识,作为农业生产的主体,同时也是农村社会的主体,农民生态文明意识的提高也是推动农村环境保护工作的重要一环。可以通过政府同意开展科普讲座以及自媒体宣传等方式,推动农民学习生态文明知识,形成自觉保护生态环境的社会氛围。

## 三、黑龙江省农业工作展望

### (一) 加强领导,协同配合

黑龙江省作为农业生产大省,省委、省政府始终高度重视农业生产工作,并把农业经济的发展作为黑龙江省社会经济发展的重要工作来抓。未来,黑龙江省的农业工作将在省委的领导下,坚决贯彻中央一号文件的指示精神,落实中共中央对于黑龙江省农业发展的要求,筑牢中国粮食安全防线,稳定粮食生产,将中国人的饭碗牢牢端在自己手里。有关部门要明确自己的责任,在省委、省政府的领导下扎实推进农业生产工作,协同配合、深入基层,走到农业工作一线中去,听基层农民真实的诉求和呼声,为老百姓办实事，真正为老百姓解决困难，保护广大农民的生产积极性。同时，要将农业发展的重点工作纳入考核体系之中，在各部门中开展考察工作，层层落实任务。相关部门要积极配合彼此工作，互相配合，各司其职，要在保持各部门独立性的基础上，简化办事程序，提高办事效率，做到真正的便民高效，深入基层。

未来一段时期，新型农村集体经济会成为推动农业农村协调发展的主要形式，黑龙江省政府和各级领导部门对于农业生产资料的集中监管和合理分配也将起到更有决定性的作用。政府、农民以及各个利益集体的合作会更加密切，产权关系更加完善，整个政策支持体系也将更加系统化、具体化和常态化。

### （二）典型示范，以点带面

为实现农业农村现代化，落实乡村振兴战略，发展具有可持续发展能力的现代化农业，黑龙江省积极推进农业示范区建设和现代化农业产业园区建设。在示范园区开展农业技术创新试点工作，优选适合在黑龙江地区投入生产的粮食和农作物品种，探索出适合黑龙江生产的优质农作物。黑龙江省在推进农业产业园区建设时按照"生产要素集聚、科技装备先进、管理体制科学、经营机制完善、带动效应明显"的总要求，坚持现代化农业的发展方向，以龙头企业、生产基地为依托，坚持高标准的产业园区建设，发现农业发展新模式，寻求产业融合新出路。2025年，黑龙江省将建设上百个市县两级现代化农业产业园，要建成具有黑龙江地域特色、从事高标准生产、机械化水平完备、生态环境优越的农业产业体系，带动黑龙江整体的农业经济发展。

### （三）素质提升，文化振兴

作为从事农业生产的主体，农民的整体素质关系农业生产的质量和效率，也关系农村的社会环境和生态环境。黑龙江省要充分重视对农民群体的教育工作，坚持以社会主义核心价值观为引领，以提高农民实用性技能水平为目标，综合提升农民的民主意识、科学文化意识、生态文明意识，提升农民的整体素质。健全基层民主法制工作，让农民在参与基层事务管理中增强自己的民主法制意识。同时，要加强农民职业技术教育，在保证农民掌握日常生产所需的技术以外，依托农业技术推广平台，提高农民农机操作能力，为黑龙江实现现代化农业提供人力技术支持。注重培养农民的生态文明意识，借助多元化的宣传形式，扩大对生态文明的普及范围，调动农民学习生态文明知识的积极性。未来，黑龙江省的农民整体素质都将有显著提高，农民的科学文化水平都将跃上新台阶。

此外，在未来一段时期内，黑龙江省农村地区的文化建设也将更上一层楼，优质文化资源进一步向基层、向农村倾斜延伸。一方面，文化基础设施建设不断完善，电视、广播的普及率有序提升，通过有线、无线和卫星等技术手段，让农民群体能够收看、收听到更多、更好的视听内容。农村文化活动基地数量不断增加，内部设施质量提升，开展的文化活动日益丰富，农民参与成本持续下降。另一方面，农村特色文化的对外宣传工作效果有所进步，农村文化旅游产业的吸引力和辐射力增强，以农村为题材的文艺作品数量增加，受欢迎程度提升，整体农村文化产业呈现健康、有序、多元的发展趋势。

### （四）科技引领，综合飞跃

农业要振兴必须要插上科技的翅膀，农业科学技术的发展是整个农业现代化进程内置的最主要引擎之一。黑龙江省十分重视农业技术的发展和推广工作，并给予了诸多政策支持。黑龙江省在国家的政策支持下于2013年首先开展了农业政策补贴调整的试点改革，并在2014年中央一号文件的支持下开展了涉农资金整合工作，近年来黑龙江省的地方补贴政策工作一直在有序进行，这些补贴有效助力了农业科技水平和创新能力的提升。

在多项人才引进政策、创新激励政策和资金帮扶政策的推动下，未来一段时期内，黑龙江省农业科技的科研生态将得到改良，具有决定性作用的基础性科研工作有望得到进展，形成强力支撑，助力农业科技创新，破除当前存在的部分技术壁垒，从而实现农业领域质的飞跃，农业机械化、信息化、智能化、绿色化和良种化发展将全面迈入新的篇章。与此同时，科技突破带来的巨大经济效益也会给予农业科研正反馈，形成良性循环，黑龙江省农业会向着世界领先水平迈出至关重要的一步。

### （五）循环发展，生态文明

实现农业可持续发展是实现农业现代化的应有之义，同时也是贯彻新发展理念的必然要求。黑龙江省独特的自然地理环境造就了黑龙江具有丰富的生态资源，而黑龙江作为农业大省，国家重要的商品粮生产基地平衡好生态环境和农业生产的关系是农业经济发展的重中之重。黑龙江省要根据区域特色引进农业生产技术，特别是生物技术和农业环保技术，在保护土壤肥力、水资源和生态系统完整的基础上充分开发农业资源全要素生产率，在开展农业生产的同时，重视农村用地的环境承载力。

未来，黑龙江省的农业发展将实现生态环境与经济效益的平衡，打造出具有龙江特色的生态农业发展模式。一方面做好资源与环境的保护工作，实现黑土地面积的回升以及肥力的恢复、农村生态环境的改良和水资源的净化。在现阶段已经实现的减少环境破坏的基础之上，未来一段时期黑龙江省的环境修复和新能源开发工作也会有所突破，不只是保护环境，更是向着修复环境的目标前行。另一方面在绿色农产品的生产和销售方面取得优异进展，在充分满足当前广阔的有机、无污染农产品市场需求的同时，做好产业融合，开辟全新的市场领域。

# 主要参考文献

## 一、英文类

[1] Ashok K.Mishra and Davide Viaggi and Sergio Gomezy Paloma, *Public Policy in Agriculture: Impact on Labor Supply and Household Income*, Beijing: Taylor and Francis, 2017.

[2] Grodzicki Tomasz and Jankiewicz Mateusz, "The Role of the Common Agricultural Policy in Contributing to Jobs and Growth in EU's Rural Areas and the Impact of Employment on Shaping Rural Development: Evidence from the Baltic States", *PLoS ONE*, Vol.17, No.2, February 2022, pp.1-14.

[3] Vik Jostein, "The Agricultural Policy Trilemma: On the Wicked Nature of Agricultural Policy Making", *Land Use Policy*, Vol.99, December 2020, pp.105059.

[4] Glauber Joseph and Smith Vince, "Trends in US Agricultural Policy since 2000 and Implications for the Next Twenty Years", *EuroChoices*, Vol.20, No.2, August 2021, pp.58-63.

[5] Ehlers Melf Hinrich and Huber Robert and Finger Robert, "Agricultural Policy in the Era of Digitalisation", *Food Policy*, Vol.100, April

2021, pp.102019.

[6] Nwozor Agaptus and Olanrewaju John Shola, "The ECOWAS Agricultural Policy and the Quest for Food Security: Assessing Nigeria's Implementation Strategies", *Development Studies Research*, Vol.7, No.1, July 2020, pp.59-71.

[7] David J. Pannell and Roger Claassen, "The Roles of Adoption and Behavior Change in Agricultural Policy", *Applied Economic Perspectives and Policy*, Vol.42, No.1, February 2020, pp.31-41.

[8] Anna Mdee and Alesia Ofori and Michael Chasukwa and Simon Manda, "Neither Sustainable nor Inclusive: A Political Economy of Agricultural Policy and Livelihoods in Malawi, Tanzania and Zambia", *The Journal of Peasant Studies*, Vol.48, No.6, September 2021, pp.1260-1283.

[9] Katarzyna Smędzik-Ambroży et al, "The Influence of the European Union's Common Agricultural Policy on the Socio-Economic Sustainability of Farms (the Case of Poland)", *Sustainability*, Vol.11, No.24, December 2019, pp.7173.

[10] Jean Balié and Badri Narayanan, "What should be the Focus of Agricultural Policy Reforms in Sub-Saharan Africa? ACGE Analysis", *Margin: The Journal of Applied Economic Research*, Vol.13, No.4, November 2019, pp.401-435.

[11] Fabian Thomas and Estelle Midler and Marianne Lefebvre and Stefanie Engel, "Greening the Common Agricultural Policy: A Behavioural Perspective and Lab-in-the-Field Experiment in Germany", *European Review of Agricultural Economics*, Vol.46, No.3, April 2019, pp.367-392.

[12] TihanaKovačiček and Zdravko Petak and Ornella Mikuš, "Influence of International and Domestic Context on Croatian Agricultural Policy Outputs", *Journal of Central European Agriculture*, Vol.20, No.4, December 2019, pp.1275-1291.

[13] Flaviana Cavalcantida Silva and Antonio Lázaro Sant'Ana and Ana Heloisa Maia, Public "Policy on the Family Farming Sector in Brazil: Towards a Model of Sustainable Agriculture", *African Journal of Agricultural Research*, Vol.13, No.33, August 2018, pp.1719-1729.

[14] Berkeley Hill, "The United Kingdom's Domestic Policy for Agriculture after Brexit", *EuroChoices*, Vol.16, No.2, August 2017, pp.18-23.

[15] Arlette S. Saint Ville and Gordon M. Hickey and Leroy E. Phillip, "Institutional Analysis of Food and Agriculture Policy in the Caribbean: The Case of Saint Lucia", *Journal of Rural Studies*, Vol.51, April 2017, pp.198-210.

## 二、中文类

［1］习近平：《论三农工作》，北京：中央文献出版社2022年版。

［2］全世文：《论农业政策的演进逻辑——兼论中国农业转型的关键问题与潜在风险》，载《中国农村经济》2022年第2期。

［3］温铁军、唐正花、刘亚慧：《从农业1.0到农业4.0生态转型与农业可持续》，北京：人民东方出版传媒有限公司2021年版。

［4］侯代男：《政策性农业保险绩效评价及影响机理研究 以黑龙江省为例》，北京：中国农业出版社2021年版。

［5］李青、钱再见：《中国农业政策变迁的注意力分布及其逻辑阐释》，载《华中农业大学学报（社会科学版）》2021年第4期。

［6］张甘霖总主编；翟瑞常、辛刚、张之一：《中国土系志黑龙江卷》，北京：科学出版社2020年版。

［7］常忠宝、张红梅主编：《黑龙江农业综合开发三十年》，哈尔滨：黑龙江人民出版社2020年版。

［8］唐红、杜世纯、冯建英：《中美农业支持政策体系的比较与分析》

北京：中国农业大学出版社 2019 年版。

[9] 白仲林、董珍：《农村经济制度变迁与农业增长——以"多予、少取、放活"为主线》，载《河南社会科学》2019 年第 2 期。

[10] 肖小虹、王婷婷、王超：《中华人民共和国成立 70 年来农业政策的演变轨迹——基于 1949—2019 年中国农业政策的量化分析》，载《世界农业》2019 年第 8 期。

[11] 陈锡文、罗丹、张征：《中国农村改革 40 年》，北京：人民出版社 2018 年版。

[12] 朱宇：《中国改革开放全景录黑龙江卷》，哈尔滨：黑龙江人民出版社 2018 年版。

[13] 朱玲：《中国农业现代化中的制度实验：国有农场变迁之透视》，北京：经济管理出版社 2018 年版。

[14] 翟绪军、单忠纪：《政府规制下的黑龙江省循环农业发展研究》，北京：科学出版社 2017 年版。

[15] 方言主编：《转型发展期的农业政策研究其他农畜产品及农业机械化卷》，北京：中国经济出版社 2017 年版。

[16] 中国农业科学院农业传媒与传播研究中心编：《国家农业政策文件汇编 2011—2016》，北京：中国农业科学技术出版社 2016 年版。

[17] 曲伟、齐长伐主编：《黑龙江省志·第四十一卷，农垦志：1986—2005》，哈尔滨：黑龙江人民出版社 2015 年版。

[18] 黑龙江省地方志编纂委员会编：《黑龙江省志·第六卷，土地志》，哈尔滨：黑龙江人民出版社 2014 年版。

[19] 重庆市农业委员会编：《农业机械化法律法规政策汇编 2004—2014》，北京：中国农业大学出版社 2014 年版。

[20] 李佐同、甫永民：《城乡一体化进程中的黑龙江垦区农业经营管理体制改革研究》，北京：中国农业出版社 2014 年版。

[21] 亚洲开发银行政策研究技援项目专家组：《中国政府农业投入政

策研究》，北京：人民出版社 2013 年版。

［22］亚洲开发银行政策研究技援项目专家组：《中国政府农业投入政策研究》，北京：人民出版社 2013 年版。

［23］姬亚岚：《多功能农业与中国农业政策重续人类与自然的古老契约》，北京：中国农业出版社 2012 年版。

［24］温铁军、董筱丹、石嫣：《中国农业发展方向的转变和政策导向：基于国际比较研究的视角》，载《中国农业信息》2011 年第 2 期。

［25］章政：《中国农业政策前沿问题研究》，北京：中国经济出版社 2005 年版。

［26］中共中央文献研究室编：《十六大以来重要文献选编上》，北京：中央文献出版社 2005 年版。

［27］邢孝兵、徐洁香：《工业化发展阶段与我国农业国内支持政策调整》，载《经济学家》2004 年第 5 期。

［28］宋洪远主编：《改革以来中国农业和农村经济政策的演变》，北京：中国经济出版社 2000 年版。

［29］黑龙江省地方志编纂委员会编：《黑龙江省志·第十三卷，农机志》，哈尔滨：黑龙江人民出版社 1996 年版。

［30］黑龙江省地方志编纂委员会编：《黑龙江省志·第七卷，农业志》，哈尔滨：黑龙江人民出版社 1993 年版。